natürlich oekom
nachhaltig seit 1989

Bibliografische Information der Deutschen Nationalbibliothek:
Die Deutsche Nationalbibliothek verzeichnet diese Publikation in der Deutschen Nationalbibliografie; detaillierte bibliografische Daten sind im Internet über www.dnb.de abrufbar.

3. Auflage 2024

oekom – Gesellschaft für ökologische Kommunikation mbH
Goethestraße 28, 80336 München
+49 89 544184 – 200
www.oekom.de

Layout und Satz: le-tex, xerif
Korrektur: Katharina van Treeck
Umschlaggestaltung: Laura Denke, oekom verlag
Umschlagabbildung: © Adobe Stock: piyaset
Druck: Esser PrintSolutions GmbH, Ergolding

ISBN: 978-3-98726-113-8
https://doi.org/10.14512/9783987263729

ACHIM BUBENZER

Opa, du hast es doch gewusst!

Antworten und Einsichten eines Großvaters zum Klimawandel

oekom

Für Anne, wo immer Du jetzt auch sein magst.
Feiern wir das Leben!

Inhalt

Kapitel 1
Großväter in der Verantwortung

Eine einsame Begegnung

Salzburg ist ein Ort, wo man es aushalten kann: die Ufer der Salzach entlang radeln, von einer der Brücken dem Wasser nachschauen, in einem der Cafés bei einem »Verlängerten« Sachertorte mit Sahne genießen, sich im Geburtshaus Mozarts beim Anschauen seiner Kindergeige in eine andere Welt tragen lassen oder an einem lauen Sommerabend von der Anhöhe vor der Wallfahrtskirche Maria Plain auf die Stadt schauen und dabei unter den Kastanien des Gasthofs ein kühles Viertele Weißen trinken.

Im Sommer 2017 suchte ich an einem späten Nachmittag in der Salzburger Innenstadt den Weg von der Universität zu meinem Hotel. Ein Salzburgführer hätte mich vermutlich längst an diesen Ort geschickt, aber ich sah den großen, schneeweißen barocken Kirchenbau zum ersten Mal: die Kollegienkirche, die Kirche der Universität. Das Portal stand offen, und ich ging hinein. Wände und Decken des hohen Kuppelbaus waren innen ebenso schneeweiß wie außen, der Raum bis auf den Altar und kleinere Kapellen am Rand war völlig leer, die Nachmittagssonne schien durch die Fenster, es war ganz still, und ich stand völlig allein unter der mächtigen Kuppel.

Gedanken, Erfindungen, neue Ideen brauchen oft Geburtshelfer: besondere Orte, Stimmungen, Zeiten. Dies hier war mein Ort und meine Zeit. An dieser Stelle, in diesem Augenblick, wurde mir eines klar: Die heute lebenden Menschen haben als erste und einzige Generation in der Menschheitsgeschichte die Chance und die Pflicht, mit ihrem Handeln die Weichen für das weitere Überleben der Menschheit zu stellen.

Diese Erkenntnis ist keine Hybris. Sie ist nicht besonders originell und auch nicht überraschend. Sie ist im Grunde jedem klar, der sich ernsthaft mit dem Thema Klimawandel und Erderhitzung auseinandersetzt. Aber diese Erkenntnis überfordert letztlich auch jeden. Man kann sich dabei nur klein und machtlos fühlen.

Hier, an diesem Ort, in diesem Augenblick, hatte mich diese Erkenntnis allerdings kalt erwischt. Sie hat sich in meinen Kopf, in meine Seele eingebrannt. Ich werde sie nicht mehr los. Mir bleibt nur, sie zu verbreiten: an meine Leserinnen und Leser, an alle, die mir zuhören.

Kinder und Zukunft

Es geht um unsere Kinder, Enkel und Urenkel. Sie sollen eine Zukunft haben – eine Zukunft, die sie durch ihre eigene Leistung selbst gestalten können. Aber passt das in unserer Zeit überhaupt noch zusammen: Kinder und Zukunft? Diese bange Frage stellten sich Eltern zu Weltkriegszeiten, in Zeiten des Kalten Krieges und heute in Zeiten des Klimawandels und der globalen Erderhitzung. Kriege kamen und gingen, und es kommen neue. Die globale Erderhitzung kommt seit einem Jahrhundert, erst auf leisen Sohlen, dann aber immer lauter. Und sie geht nicht wieder, seit etwa 30 Jahren wird sie immer stürmischer, immer bedrohlicher. Die mittlere globale Temperatur steigt unaufhaltsam. Menschenkinder und unsere Erde sind sich dabei ganz ähnlich – bei 38 Grad Fieber sitzen wir am Bett und sagen: »Schlaf dich aus, morgen ist alles wieder gut.« Bei 39 oder über 40 Grad allerdings suchen wir die Telefonnummer vom Kinderarzt oder warten im schlimmsten Fall nervös auf den Notarzt.

Bei unserer Erde können wir uns bei etwas mehr als einem Grad globaler Erwärmung gerade noch einreden, es sei so etwas wie erhöhte Temperatur. Bei zwei oder gar drei Grad globale Erwärmung allerdings sieht die Sache anders aus: Dann hat unsere Erde Fieber. Die Begleiterscheinungen, die Symptome: Extremwetter, Hitzerekorde, Dürren und Stürme, wie wir sie uns nie hätten träumen lassen. Und über mehr als vier Grad globale Temperaturerhöhung denken wir besser gar nicht nach. Dann wird es auf jeden Fall verdammt eng, für beide, Kinder und Erde.

Zeit für Verantwortung

Es ist mitunter ein unheilvoller Trend in unserer Gesellschaft: Immer muss es jemanden geben, der die Verantwortung trägt, wenn etwas schiefgeht oder ein Unheil geschieht – jemand, der »Schuld hat«.

Doch beim Thema Klimawandel und Erderhitzung lässt sich die Verantwortung, die »Schuld«, nicht so einfach wegschieben. Schuld tragen wir Menschen mehr oder weniger alle. Denn die seit über 30 Jahren international erforschte und sauber dokumentierte Beweislage ist erdrückend: Klimawandel und Erderhitzung sind menschengemacht, vor allem durch die massive Nutzung fossiler Brennstoffe Kohle, Öl und Gas und das dabei emittierte Klimagas CO_2.

An diesem Punkt kommen wir Väter und Großväter ins Spiel. Ich sage ganz bewusst *wir*, denn ich bekenne mich persönlich zu dieser Rolle. Wir, die Väter und Großväter, die Männer dieser Welt, viele darunter schon in der fortgeschrittenen zweiten Lebenshälfte, waren und sind maßgeblich beteiligt an der Erderhitzung, der eine mehr, der andere weniger. Ganz besonders gilt das natürlich für die sogenannten Leistungsträger und Entscheider, also die Mächtigen unter uns: die CEOs, die Vorstandsvorsitzenden, Aufsichtsräte, Geschäftsführer, Controller, Aktionärsvertreter, Arbeitgeber- und Arbeitnehmervertreter, die Minister und Ministerpräsidenten, die Staatssekretäre, Ministerialbeamten, Amtsleiter, Banker, Parlamentarier, Parteifunktionäre, Lobbyisten, Staatspräsidenten, Kanzler, Bürgermeister.

In all diesen – und vielen anderen – Positionen wurden in den vergangenen drei Jahrzehnten klimarelevante Entscheidungen getroffen, und es hatten in diesen entscheidenden Jahren überwiegend Männer, also wir Väter und vor allem wir Großväter, das Sagen, je höher in den Hierarchien, umso mehr. Daher stellt sich mir die bohrende Frage: Brauchen wir nicht auch eine Bewegung »Grandfathers for Future«? Großväter in der Verantwortung?

Ich selbst war auch dabei: in einem Tochterunternehmen zweier europäischer Großkonzerne, als Berater und Teilhaber im mittelständischen Unternehmen der eigenen Familie, als Hochschulrektor und Hochschullobbyist in der Landespolitik. Ich gebe zu: Ich bin gerne mitgeschwommen in diesem Männer-Führungs-Pool. Zähneknirschend habe ich versucht, die vorgeschriebene Frauenquote vor allem bei höheren Positionen zu erhöhen und habe mir mit eisigem Gesicht die Klagen tatsächlich oder vermeintlich benachteiligter Professorinnen und Mitarbeiterinnen angehört. Macht zu teilen, und dann auch noch mit Frauen, die oft einen ganz anderen Ansatz, einen ganz anderen beruflichen Werdegang und andere Kompetenzen und Erfahrungen haben, das kann gerade uns älteren Männern mächtig auf die Nerven gehen. Da brennen einem doch gerade weiß Gott genug andere Probleme auf den Nägeln als ausgerechnet die Frauenquote!

Ich behaupte: Daher waren viele von »uns« auch so beleidigt, als uns ein 16-jähriges unscheinbares Mädchen schonungslos und in glasklaren Worten die Meinung sagte und uns zur Klimakrise die gleiche »Panik« an den Hals wünschte, die sie selbst spürte. Soll diese Greta Thunberg doch selbst erstmal was Gescheites lernen, statt zu demonstrieren und dafür die Schule zu schwänzen, Klimaschutz ist schließlich was für Profis! So dachten viele damals heimlich oder offen. Und nach

Greta Thunbergs späteren einseitigen Äußerungen zum Israel/Palästina-Krieg können sie sich in ihrem Urteil auch noch bestätigt fühlen.

Wie auch immer diese Befindlichkeiten zu werten sind: In Sachen Klimawandel und Erderhitzung ist es jetzt endgültig Zeit für Verantwortung. Und das bedeutet vor allem für uns Väter und Großväter, uns zu dem zu bekennen, was wir geschaffen, aber leider auch zu dem, was wir angerichtet haben: als Entscheider in Wirtschaft, Finanzen, Politik und Verwaltung, als Lehrende, Berater, Lobbyisten und Meinungsbildner oder einfach nur als Konsumenten, Wähler oder Nichtwähler.

Was wir auf den einst von unseren Vätern und Müttern gelegten Fundamenten geschaffen haben, war einerseits eine der längsten und glücklichsten Friedenszeiten in Wohlstand und Freiheit, die unser Land je erlebt hat. Andererseits haben wir uns dieses Wirtschafts- und Friedenswunder erkauft durch eine weltweit nie da gewesene Ausbeutung natürlicher Ressourcen und Zerstörung biologischer Lebensräume. Damit konnte weltweit sogar die Armut etwas gelindert werden, und die Vermögenden, also die Industrieländer und ihre BewohnerInnen, mussten dabei weder ihren Wohlstand teilen noch ihren Lebensstil ändern – im Gegenteil.

Es war aber eben ein Wirtschaftswachstum auf der Grundlage überwiegend an wirtschaftlicher Rendite orientierter Natur- und Rohstoffausbeutung – mit preiswerter fossiler Energie aus Kohle, Öl und Gas. All dies hatte seinen Preis: der Einstieg in die größte globale Klimakrise der Menschheitsgeschichte – vom größten Artensterben seit dem Ende der Dinosaurier gar nicht zu reden.

Pauschale Urteile und kollektive Schuldzuweisungen sind nie ganz richtig und oft auch ungerecht. Bei der Klimakrise darf keiner die mutigen Frauen und Männer vergessen, die sich früh gegen den führenden Trend, den Mainstream des unbegrenzten Wachstums und der hemmungslosen Ausbeutung der Natur, aufgelehnt haben und auflehnen. Vor ihnen habe ich als relativ angepasstes und verwöhntes »Nachkriegskind« großen Respekt. Es waren die frühen Kämpferinnen und Kämpfer der Umweltbewegung, die sich abkanzeln und verspotten lassen mussten. Es waren die Klimawissenschaftlerinnen und Klimawissenschaftler, von denen viele erst in der konservativen Presse, dann in den sozialen Medien auf das Übelste beschimpft wurden und die zunehmend auch persönlich bedroht werden. Es waren die Unternehmerinnen und Unternehmer, die in dem Glauben an Vernunft und Nachhaltigkeit früh auf erneuerbare Energien und innovative Infrastrukturtechniken setzten – und von denen viele an bürokratischen Hürden oder unzureichenden politischen Rahmenbedingungen scheiterten. Ich denke nicht zuletzt auch an die vielen unbekannten Aktivistinnen und Aktivisten für Klima- und Naturschutz oder soziale Gerechtigkeit, die im eigenen Umfeld zusätzlich zu ihrem Beruf Basisarbeit für eine gute Zukunft ihrer und unserer Kinder leisteten und dabei oft genug mit Verzweiflung oder Burn-out rangen.

Aber Klagen, Jammern, Schimpfen, mit dem Finger auf andere zeigen – das alles nützt wenig. Es geht um Lösungen. Schließlich hat jedes Unternehmen, wenn es ein Produkt verkauft, das die zugesagte Spezifikation nicht erfüllt, die Pflicht, aber auch das Recht zur »Nachbesserung«. Bleibe ich meinem Ansatz einer kollektiven Verantwortung der Väter- und Großvätergeneration treu, dann bedeutet das: Vor allem wir älteren Männer müssen jetzt – soweit wir es noch können – Verantwortung zum Handeln übernehmen, um den Klimawandel und die Erderhitzung mit allen Mitteln einzubremsen. Im Kleinen wie im Großen, jeder nach seinen Möglichkeiten.

Drei gute Nachrichten

Bei aller Dramatik der derzeitigen Lage gibt es drei gute Nachrichten. Die erste: Beim Kampf gegen den Klimawandel und die Erderhitzung geht es nicht mehr darum, herauszufinden, *was* zu tun ist, denn das ist weitgehend bekannt (vgl. Kapitel 3), sondern schlicht darum, es auch zu *tun*. Dafür gibt es nicht zuletzt unter uns Vätern und Großvätern genug echte »Macher«. Sie haben zusammen mit den Nachdenklichen, den Strategen, den Kreativen oder Mutigen in der Vergangenheit vieles Unmögliche möglich gemacht. Nur sollen es diesmal nicht Quartalsergebnisse, Meilensteine einer technologischen Entwicklung, Auftragseingang oder Wiederwahl in ein wichtiges Amt sein, sondern eine lebenswerte Zukunft für unsere Kinder und Enkel.

Diese Aufgabe, diese Zielstellung, ist um Größenordnungen schwieriger als alle beruflichen Herausforderungen, die die meisten von uns je zu meistern hatten. Vielen von uns erscheint sie mitunter unlösbar. Dennoch haben wir keine andere Wahl. Um es mit den oft zitierten Worten Nelson Mandelas zu sagen: »It always seems impossible, until it's done.«

Die zweite gute Nachricht: Heute sind Gott sei Dank noch viel mehr Frauen dabei, die Verantwortung übernehmen, um eine lebenswerte Zukunft für unsere Kinder zu gestalten. Unsere Welt muss weiblicher werden. Für mich heißt das: Sie muss mitfühlender werden, emphatischer mit den Menschen, mit allen Kreaturen dieser Erde. Das Machodenken eines Trump, Bolsonaro oder Putin hat in unserer Welt nichts mehr zu suchen, die Schäden, die durch offene oder verdeckte männliche Machtphantasien und »Machtbeweise« angerichtet wurden und werden, sind groß genug.

Schließlich die entscheidende dritte gute Nachricht: Die besten Köpfe der jungen Generation sind längst für ihre Zukunft aufgestanden. Sie haben damit all diejenigen Lügen gestraft, die immer behauptet haben, diese Generation sei unpolitisch, verantwortungslos und habe nur Spaß und Konsum im Kopf.

In weniger als einem Jahr haben die Aktivistinnen und Aktivisten von Fridays for Future eine weltweite Kampagne zur Wahrnehmung der Klimakrise als einer existenziellen Bedrohung der Zukunft der Menschheit aufgebaut. Mit professionellem Organisationsgeschick und großer Kompetenz in digitalen Medien, mit fundiertem Wissen zur Klimakrise, mit Fleiß, Disziplin, klaren Gedanken, Umsicht und höchstem persönlichen Einsatz von Aktivistinnen und Aktivisten hat Fridays for Future Millionen Menschen weltweit erreicht. Dabei ist der Bewegung das Kunststück gelungen, eine basisdemokratische Graswurzelbewegung zu bleiben, mit einigen wenigen Gesichtern wie Greta Thunberg oder Luisa Neubauer, die sich der Öffentlichkeit eingeprägt haben. Fridays for Future ist zu einer internationalen Dachmarke geworden, das Programm für eine gesellschaftsweite Bewegung, in die sich jede Berufs- und Gesellschaftsgruppe einbringen kann: Wissenschaftler, Eltern und Großeltern, Landwirte, Unternehmer, Künstler, Psychologen und viele weitere.

Fridays for Future wurde von praktisch allen wichtigen Entscheidungsträgern in Politik, Wirtschaft und Zivilgesellschaft zur Kenntnis genommen, sei es zustimmend oder ablehnend. Die Bewegung erreichte so schon vor ihrem ersten Geburtstag eine globale und historische Dimension.

Ein Blick zurück

In der Welt meiner Eltern und Großeltern waren menschengemachter globaler Klimawandel und Erderhitzung (noch) nicht präsent – ganz einfach, weil weder die Problematik allgemein bekannt war noch die zunehmende Erwärmung ein Maß erreicht hatte, das Wissenschaft und Gesellschaft aufgeschreckt hätte. Doch die Welt und die Werte dieser Generationen haben uns, unsere und jede nachfolgende Generation, auf ihre Weise geprägt. Man muss keine Psychotherapeutin und kein Psychotherapeut sein, um zu verstehen, dass wir nur dann angemessen auf unbekannte Herausforderungen (den Klimawandel) reagieren können, wenn wir uns bewusstmachen, welche Werte und Verhaltensmuster von unseren Vorfahren auf uns gekommen sind. Was davon haben wir übernommen, bewusst oder unbewusst? Welche Glaubenssätze, impliziten Annahmen, Vorurteile sind so tief in uns verankert, dass wir es selbst gar nicht wissen?

Vor allem die 68er-Generation hat diese Analyse intensiv betrieben und ihre Elterngeneration (insbesondere die Väter) dabei recht deutlich ins Gebet genommen. Nationalismus, Militarismus, autoritäre Strukturen, Kapitalismus, Rassismus – all diese Phänomene wurden gnadenlos seziert, kritisiert und für verwerflich erklärt. Allerdings war nach den Erfahrungen und Eindrücken meiner Studentenzeit ab 1968 in Hamburg die 68er-Bewegung in ihrer Gesellschaftskritik auch nicht ohne Selbstgerechtigkeit. Ich ärgerte mich über ihren »blinden Fleck« in Bezug auf die schon damals kaum mehr zu übersehende Umweltkrise. Das extrem teure und für den Klimaschutz so katastrophale Festhalten an der deutschen Steinkohleförderung bis 2018 gerade in Kreisen der SPD war aus meiner Sicht auch auf diesen »blinden Fleck« vieler der Partei nahestehender Alt-68er im Bereich Ökologie zurückzuführen.

Eine Gegenreaktion auf die wirtschaftskritischen (um nicht zu sagen: wirtschaftsfeindlichen) Strömungen der heute natürlich längst historischen 68er-Bewegung war ein in der Folge stark ausgeprägter Wirtschaftsliberalismus. Und der tut sich mit ordnungspolitischen Vorgaben und Maßnahmen für wirksamen Klimaschutz wie spürbarer CO_2-Bepreisung, staatlich geplantem Auslauf oder gar Verbot von Technologien auf Basis fossiler Energien naturgemäß schwer.

Ich persönlich musste mich bei der Auseinandersetzung mit den Werten und Verhaltensweisen der Elterngeneration nicht sehr anstrengen. Mein Vater besaß eine für einen Unternehmer fast revolutionäre soziale und liberale Weltsicht. Meine politisch überwiegend »linkslastigen« Kommilitonen aus Hamburg hätten sich ungläubig die Augen und Ohren gerieben, wären sie bei einem meiner Waldspaziergänge mit ihm dabei gewesen. Aus damaliger Sicht stand dabei politisch die Welt regelrecht auf dem Kopf.

Als erfolgreicher Gründer eines kleinen, wenn auch immer wieder in seiner Existenz bedrohten Maschinenbauunternehmens war mein Vater im Jargon der universitären K-Gruppen natürlich nichts als ein »Kapitalistenschwein«. Dennoch hatte er erstaunlich viel Verständnis für die fundamentale Gesellschaftskritik der 68er, für das offene Benennen des »Muffs unter den Talaren«, für die breite Kritik an Machtstrukturen und für das Entsetzen darüber, dass in führenden Positionen von Politik, Wirtschaft und Justiz noch immer »Altnazis« saßen. Er wäre lieber in eine Schlangengrube gestiegen (wenn auch nur mit den in unseren Siegerländer Gewässern verbreiteten harmlosen Ringelnattern), als Mitglied im elitären Lions Club zu werden. Einladungen zu entsprechenden Mitgliedschaften durch seine politisch rechts oder konservativ stehenden Unternehmerkollegen ignorierte er konsequent. Mir hingegen wäre das gepflegte Ambiente eines Lions Clubs mit gutem Essen und Trinken lieber gewesen als der Nebel der damals noch von beißenden Gauloises- und Roth-Händle-Wolken erfüllten Studentenkneipen. Dort fühlte ich mich, Absolvent eines Provinzgymnasiums, wie Lieschen vom Lande und stand in den Diskussionen bei den bedrohlichen Fragen meiner rhetorisch gut geölten Kommilitonen hilflos da: »Du willst doch wohl nicht etwa behaupten, dass an unserer beschissenen kapitalistischen Gesellschaft was Gutes dran ist, oder?«

Gott sei Dank kann ich meine damalige Ratlosigkeit heute gelassen unter »Heiteres aus der Studentenzeit« ablegen. Viel wichtiger: Gerade diese Auseinandersetzung mit der Welt der 68er lieferte mir Jahre später den Schlüssel zum Verständnis der Liberalität meines Vaters.

Eher durch Zufall fand ich diesen Schlüssel in Form eines Fotos in einem Fotoalbum aus der Zeit des Zweiten Weltkriegs. Es stammte aus den ersten Tagen des Polenfeldzuges und zeigte meinen Vater als Wehrmachtsoffizier zu Pferd, gefolgt von marschierenden Soldaten. Das also war es! Er kannte einen zentralen Auslöser für die 68er-Proteste, nämlich die schleppende Aufarbeitung der deutschen NS-Vergangenheit und das fatale gesellschaftlich-politische Weiter-so nach dem Krieg, nur zu gut aus eigener Erfahrung.

Daher stellte ich ihm auf einem unserer gemeinsamen Waldspaziergänge – wir waren gerade auf einer Anhöhe mit Blick auf unseren Heimatort, das friedliche kleine Freudenberg, dessen malerischer Ortskern aus Fachwerk auf vielen Kalenderbildern zu sehen ist – die Gretchenfrage der Nachkriegsgeneration: »Was hast du dir damals eigentlich gedacht, als Wehrmachtsoffizier im Dienst des Deutschen Reichs, bei einem offensichtlichen Angriffskrieg? Du hast doch gewusst, dass hier Verbrechen begangen wurden! Du hast selber erzählt, dass auf der Zitadelle in Posen täglich Schüsse zu hören waren. Ihr habt erlebt, wie sich die SS abends in den Kneipen aufführte und sich von verzweifelten Ehefrauen Inhaftierter eindeutige Vorteile verschaffte. Du warst abkommandiert, mit deinen Soldaten auf dem Bahnhof einen Güterwagon zu entladen. Beim Öffnen der Türen fielen euch tote Juden entgegen, drinnen lebte keiner mehr. Du sagtest, du hast damals sofort den Befehl zum Abzug gegeben. Damit wolltet ihr nichts zu tun haben. Die Wehrmacht hat ja angeblich immer versucht, sich aus den Kriegsverbrechen der Nazis rauszuhalten. Trotzdem: Was hast du dir damals gedacht?«

Die Antwort meines Vaters war ernüchternd.

»Wenn ich nach drei Monaten endlich mal wieder auf Heimaturlaub bei deiner Mutter war, hatte ich weiß Gott keine Lust, ihr von toten Juden zu erzählen – oder von Schüssen auf der Zitadelle in Posen. Und im Übrigen: Wenn ich das getan hätte, was du offenbar von mir erwartet hättest, wärst du als Nachkriegskind heute sehr wahrscheinlich nicht auf der Welt!«

Darauf fiel mir, auch in der mittlerweile erlernten selbstgerechten 68er-Rhetorik, keine passende Antwort ein.

Ein Blick nach vorn

Als ich die Frage an meinen Vater stellte, war mir allerdings noch nicht klar, dass sie mich sinngemäß eines Tages wie ein Bumerang selber treffen würde.

Anfang der 90er Jahre, als ich mich von Berufs wegen als Professor mit den Themen Energiewirtschaft, Klimawandel, erneuerbare Energien und Nachhaltigkeit beschäftigte, war es dann so weit: Ich begann mir wohl oder übel die Frage stellen, was ich meinen Kindern oder Enkeln antworten würde, wenn sie mich eines Tages, so um das Jahr 2030 herum, fragen würden: »Sag mal, Papa/Opa, du warst doch damals Professor für Energiewirtschaft und Photovoltaik. Du hast als Wissenschaftler um die Folgen der weltweiten massiven Verbrennung von Kohle, Öl und Gas gewusst. Du hast voraussehen können, was für eine Welt ihr euren Kindern einmal hinterlassen würdet. Zugegeben, für deinen besseren Nachtschlaf hast du einen Verein für nachhaltige Wirtschaftsentwicklung gegründet, hast Vorträge über Photovoltaik und Nachhaltigkeit gehalten und dich mit Vertretern der Energieversorger gezankt. Als Hochschulrektor und Verantwortlicher für einen Unterrichtsreaktor hast du dann gleichzeitig noch ein bisschen den Atomenergieversteher gegeben … Also ehrlich – das verstehen wir alles nicht so richtig. Denn du warst damals doch in einer ganz anderen Lage als unser Opa oder Uropa im Polenfeldzug, von dem du uns immer erzählt hast. Er lebte in einer ganz anderen Zeit in einem autoritären Unrechtsstaat. Du aber hast in einem demokratischen Land mit Meinungsfreiheit gelebt. Du warst sogar ein gut besoldeter Beamter, unkündbar, dir konnte keiner was anhaben. Du hast die ganze Situation offenbar verdrängt, hast deiner Hochschule noch ein Leitbild für nachhaltige Entwicklung verpasst, das konnte ja nicht schaden. Ansonsten hast du den local VIP gegeben und persönlich recht gut gelebt. Ganz ehrlich: Du hast doch alles gewusst und was hast du dir dabei eigentlich gedacht?«

Um ehrlich zu sein: Mir ist immer noch keine überzeugende Antwort auf diese Frage eingefallen. Mein Vater hatte da einfach die besseren Karten.

Zwei Fragen und zwei Scherbenhaufen

Beide Fragen, die an meinen Vater und die an mich, haben eines gemeinsam: Sie stehen wie mahnende Schilder vor zwei riesigen Scherbenhaufen – dem, den uns der Zweite Weltkrieg beschert hat, und dem, den Klimawandel und Erderhitzung unseren Nachkommen bescheren werden.

Über den Scherbenhaufen des Zweiten Weltkrieges wächst langsam Gras. Und der andere Scherbenhaufen, der durch den menschengemachten Klimawandel entstehen wird, ist vor den grünen Hügeln eines Dreivierteljahrhunderts Frieden und Wohlstand noch nicht für alle sichtbar.

Über jedem Scherbenhaufen schwebt die Frage nach dem Warum: Warum vergessen oder verdrängen intelligente, gebildete, pflichtbewusste, christlich geprägte und kritisch denkende Menschen immer wieder so offensichtlich alle Grundsätze von Recht und Gerechtigkeit? Oder einfacher, von Sinn und Verstand?

Zu allen Zeiten gab es Werte und Regeln, die für alle galten und die von der Mehrheit befolgt wurden: In den Zeiten von Kaiserreich und Nationalsozialismus waren das die soldatische »Pflicht« und der »unbedingte Gehorsam« zum vermeintlichen Wohl des Vaterlandes. Und in der Nachkriegszeit waren es die nur allzu verständlichen Ziele eines materiellen »Wohlstandes für alle« (Ludwig Ehrhard), waren es »Fleiß« und »Anpassung« um fast jeden Preis. Für meine Generation galten und gelten immer noch in erster Linie die Regeln der Ökonomie – inzwischen allerdings eines von staatlicher Einflussnahme mehr oder weniger befreiten »globalisierten« Marktes. Wirtschaftlichkeit und Effizienz, gepaart mit technologischem Fortschritt, das sind heute in praktisch allen gesellschaftlichen Bereichen angestrebte Ziele.

In diesem Sinne wird Wirtschaftswachstum um seiner selbst willen noch immer als unverzichtbar angesehen – als Maß für allgemeinen Wohlstand und kollektives Glück. Dem wagt bis auf Weiteres kaum jemand deutlich zu widersprechen. Oft genug hatte ich von sympathischen, sonst verantwortungsbewusst denkenden und handelnden Menschen gehört: »Solarthermie auf dem Dach? Ach, das rechnet sich doch nicht!«

Gesellschaftliche und soziale Infrastrukturen wie das Gesundheitswesen, die Strom- und Wasserversorgung oder der öffentliche Personennahverkehr – all das muss »wirtschaftlich« und »effizient« arbeiten, wie soll es denn sonst gehen? Das ist doch alles ganz normal!

Und doch haben zu allen Zeiten Menschen gewusst oder geahnt, dass mit den Werten ihrer Zeit vielleicht etwas nicht stimmen kann. Ich bin sicher, mein Vater hat auf dem Polenfeldzug und später beim Holland- und Frankreichfeldzug im Grunde gewusst, dass die Dinge nicht recht sind.

Und auch wir in Zeiten der globalen Marktwirtschaft wissen im Grunde, dass Wirtschaftlichkeit allein nicht das Maß aller Dinge sein kann, ob nun kurz- oder mittelfristig. Die Preise für Kohle, Öl und Gas enthalten eben nicht die sogenannten externen Kosten, die Kosten für regionale und weltweite Klima-, Umwelt- und Gesundheitsschäden oder die Folgekosten der Vernichtung von Lebensräumen und Artenvielfalt.

Unternehmerinnen und Unternehmer, Führungskräfte auf allen Ebenen, Politikerinnen und Politiker, Lobbyistinnen und Lobbyisten, ich behaupte, sie alle wissen das inzwischen. Und letztlich weiß jeder, dass auf unserem Planeten kein biologisches oder wirtschaftliches System ohne Grenzen wachsen kann.

Und es wissen inzwischen zumindest in unserem Land fast alle, dass sich unser über Jahrtausende weitgehend stabiles globales Klimasystem durch von menschlichen Aktivitäten freigesetzte Treibhausgase erhitzt und dass es sich an der Grenze zu einem unumkehrbaren Kollaps befindet.

Kapitel 2

Klimawandel, was kann ich tun?

Es ist natürlich weder notwendig noch sinnvoll, jedem zur Motivation für den Klimaschutz einen Besuch der Salzburger Universitätskirche bei Sonnenuntergang zu empfehlen. Aber auch ohne persönliche Schlüsselerlebnisse spüren viele Menschen heute, dass wir an einem Wendepunkt der Menschheitsgeschichte stehen. Immer wieder haben mir nach Vorträgen zum Klimawandel vor allem junge Menschen die eine Frage gestellt: »Klimawandel, was kann *ich* tun?«

Meine Vier-Punkte-Strategie

Auf diese ernste und oft verzweifelte Frage mochte ich nicht mit den wohlfeilen Ratschlägen aus der ökologisch/alternativen Verzichtssammlung antworten. Nach einigem Nachdenken bin ich als Antwort schließlich zu einer Vier-Punkte-Strategie gekommen. Mit dieser Strategie kann jeder von uns am Aufbau des gesellschaftlichen Willens für eine fossilfreie, zukunftsfähige Welt mitarbeiten. Denn dieser gesellschaftliche und letztlich politische Wille ist eine unverzichtbare Bedingung, um vom individuellen Wissen zum wirkungsvollen persönlichen Tun und gemeinschaftlichen Handeln zur Begrenzung des Klimawandels zu gelangen. Die Stationen der Vier-Punkte-Strategie:

1. Erkennen, worum es geht
2. Streiten für das Klima – für Wissenschaft, gegen Ausreden und für Mut statt Resignation
3. Sich selbst am Ende des Tages im Spiegel anschauen können
4. Über den Klimawandel sprechen

Punkt 1: Erkennen, worum es geht

Die gute Nachricht zuerst: Der Treibhauseffekt durch das CO_2 in der Erdatmosphäre ist nicht per se schädlich – er ist sogar notwendig. Denn: Er sorgt dafür, dass wir nicht bei minus 18 Grad Celsius zu Tode frieren müssen, sondern bei einer mittleren globalen Oberflächentemperatur von komfortablen 15 Grad Celsius leben können. Die Ursache sind die sogenannten Treibhausgase, vor allem CO_2. Wie das Dach eines Treibhauses lassen sie einerseits das Sonnenlicht durch die Atmosphäre hindurch zu uns auf die Erde, sorgen andererseits jedoch wie ein Filter dafür, dass die Sonnenwärme von der Erde nicht wieder vollständig ins All entweicht. Es gibt mehrere Gase in der Atmosphäre, die diese Eigenschaft in unterschiedlicher Stärke haben: CO_2, Methan, Ozon, die FCKWs (eine Gruppe mittlerweile weitgehend verbotener Treib- und Kühlmittel) oder auch einfach Wasserdampf.

Und nun die schlechte Nachricht: Durch die massenhafte Verbrennung von Kohle, Öl und Gas seit Beginn der Industrialisierung Ende des 19. Jahrhunderts ist die Konzentration des Treibhausgases CO_2 in der Atmosphäre um mehr als 40 Prozent auf über 420 ppm (parts per million) gestiegen. Das ist der höchste Wert in der Erdatmosphäre seit mindestens zwei Millionen Jahren.[1] Diese erhöhte CO_2-Konzentration in der Atmosphäre hat den entscheidenden Anteil am menschgemachten Treibhauseffekt.

Dass wir kleine Menschen innerhalb von gut 100 Jahren die Erdgeschichte auf diese Weise »überholen« konnten, erscheint auf den ersten Blick unglaubwürdig. Es wird verständlicher, wenn wir bedenken, dass wir derzeit pro Jahr so viel fossile Brennstoffe (also Kohle, Öl und Gas) verbrennen, wie sich in der Erdgeschichte zur Zeit der Entstehung der fossilen Lagerstätten in rund einer Million Jahren gebildet hat.[2]

Die Folgen dieser stark erhöhten Konzentration von CO_2 in der Atmosphäre sind schon heute messbar und sichtbar. So hat sich das Klima seit dem Ende des 19. Jahrhunderts um global um über 1,1 Grad erwärmt. In Deutschland sind es rund 1,7 Grad – und damit deutlich mehr als im weltweiten Mittel. 2022 war gemeinsam mit 2018 das wärmste Jahr in unserem Land seit Beginn der systematischen Wetteraufzeichnungen. Diese Temperaturen werden wahrscheinlich schon bei Druck dieses Buches und erst recht in den kommenden Jahrzehnten übertroffen werden und im wahrsten Sinne Schnee von gestern sein.

Dr. Andreas Becker, Leiter der Abteilung Klimaüberwachung im Deutschen Wetterdienst (DWD), fasst die Situation für Deutschland im »Klimatologischen Rückblick« auf das Jahr 2022 folgendermaßen zusammen: »Seit dem Jahr 1881 haben wir nun einen Anstieg der Jahresmitteltemperatur von 1,7 Grad C. Dieser lässt sich nur durch den menschgemachten Klimawandel erklären. Seit Anfang der 70er Jahre hat sich dieser Erwärmungstrend deutlich beschleunigt und es gibt keinen Grund anzunehmen, dass sich dieser in den nächsten Jahren verlangsamen wird. Wir erleben inzwischen Hitzeperioden und -intensitäten, die wir aus den Klimamodellen eigentlich erst in ein paar Jahrzehnten erwartet hätten. Dies alles muss für uns eine starke Motivation sein, den Klimaschutz in Deutschland und global bedeutend stärker voranzutreiben, denn Anpassung ist viel teurer und bei uns nur begrenzt möglich.«

Jeder Wanderer in den Alpen kann den Rückgang und das Verschwinden der Gletscher beobachten – und sich von den Einheimischen die Dramatik dieses Vorgangs schildern lassen. Am deutschen »Hausberg«, der Zugspitze, hat man versucht, das Abtauen der Reste des Schneeferner-Gletschers durch Abdeckung mit weißen Plastikbahnen zu verzögern. Der Hintergrund: Er ist seit 1860 auf inzwischen nur noch etwa ein Fünftel seiner ursprünglichen Fläche zusammengeschmolzen.

Dennoch gebe ich zu: Bis vor Kurzem fanden für mich die Schrecken des Klimawandels noch immer weit entfernt statt, irgendwo anders auf der Welt, im vom steigenden Meeresspiegel bedrohten Bangladesch, in Indien oder Zentralafrika, wo inzwischen lebensfeindliche Extremtemperaturen von bis zu 50 Grad Celsius keine Seltenheit mehr sind. So richtig betroffen habe ich mich selbst lange nicht gefühlt – bis zu jenem Tag im Juli 2021, als eine Radtour meine Frau und mich in das schöne alte Städtchen Hallein bei Salzburg führte. Wir waren gerade auf dem Rückweg von einer mehrtägigen Alpenüberquerung und träumten nach einigen Tausend Höhenmetern und ergiebigen Regengüssen von einem gemütlichen Eiskaffee mit Sahne in der Nachmittagssonne auf der Terrasse eines Cafés.

Allerdings hatten wir schon auf dem Radweg durch die Wiesen und Wälder vor Hallein Mühe, mit unseren bepackten Rädern an Lkws und Baggern vorbeizukommen, die in der Nähe eines kleinen Bachs Schlamm und Geröll vom Weg räumten. Als wir dann den Marktplatz im mittelalterlichen Ortskern erreichten, bot sich uns ein gruseliges Bild: Vor den Geschäften und Wohnhäusern stapelten sich verdreckte Möbel und zerstörtes Inventar. Die schöne Altstadt wirkte verlassen, Restaurants und Cafés waren geschlossen. Schließlich fanden wir eine Eisdiele mit ein paar Tischen auf dem Marktplatz – die einzige Oase für ein paar versprengte Touristen. Als wir dann nachdenklich unseren Eiskaffee schlürften, erklärte uns der Besitzer den Grund für die gespenstische Atmosphäre, die an einen Katastrophenfilm erinnerte: Ein paar Tage zuvor war innerhalb von Minuten der sonst harmlose kleine Kotbach nach einem Starkregen stark angeschwollen und hatte weite Teile der Altstadt überflutet. Die schlimmsten Spuren der Katastrophe waren bereits von Feuerwehr und Bundesheer beseitigt worden.

Mir erschienen diese Zerstörungen wie ein Menetekel – wie jene berühmten Zeichen an der Wand beim Festmahl des babylonischen Königs Belsazar, von dem im Alten Testament im Buch Daniel berichtet wird.[3] Es sind Schriftzeichen, die seinen nahen Tod verkünden. Für mich waren es Zeichen, die das nahe Ende der rauschenden Party in den Industriestaaten ankündigten. Hier, auf dem idyllischen Markplatz von Hallein, erlebte ich zum ersten Mal ganz bewusst den Klimawandel, konnte die Folgen der Zunahme extremer Niederschläge und Überflutungen aufgrund der Klimaerwärmung mit eigenen Augen sehen, mit Händen greifen.

Auch wenn ein wissenschaftlich gesicherter Zusammenhang zwischen Erderhitzung und Flutkatastrophen die junge Wissenschaft der Attributionsforschung[4] noch vor Herausforderungen stellt und die dazugehörigen Daten noch mit großen Fehlerbalken versehen sind – Katastrophen wie die in Hallein und die übrigens nur zwei Tage ältere, weitaus schrecklichere Überschwemmung im Ahrtal sind durch die Erderhitzung signifikant wahrscheinlicher und intensiver geworden.[5]

Zwei Jahre nach unserem einsamen Eiskaffee auf dem Marktplatz in Hallein nimmt mir eine aktuelle Zahl des Klimaberichtes für Europa 2022 der Weltorganisation für Meteorologie (WMO) alle trügerische Sicherheit, was die Folgen der Erderhitzung für unser Leben in Europa angeht: Unser Kontinent hat sich demnach seit 1980 doppelt so schnell erwärmt wie die gesamte Welt im globalen Mittel, nämlich um 2,3 Grad Celsius im Vergleich zu 1,1 Grad Celsius seit Beginn der Industrialisierung 1850 bis 1900.[6]

So sehr ich die Verbreitung von Katastrophenszenarien und das Schüren von Klimaängsten als Mittel der Klimakommunikation ablehne, es ist einfach so: Die Erderhitzung ist längst bei uns in Mitteleuropa angekommen, sie ist hier und jetzt. Sie kommt nicht erst, wenn wir Älteren schon unter der Erde sind. Sie findet direkt vor unserer Haustür statt. Und: Sie wird unser Leben in Deutschland schon bis 2050 tiefgreifend verändern. Die Folgen haben Nick Reimer und Toralf Staud in ihrem Bestseller »Deutschland 2050« auf Basis aktueller Recherchen umfassend und detailliert herausgearbeitet.[7]

Mit Blick auf die international noch immer völlig unzureichenden Maßnahmen zur Reduzierung der Klimagasemissionen fasste Johan Rockström, in seiner Funktion als einer der zwei wissenschaftlichen Direktoren des Potsdam-Instituts für Klimafolgenforschung (PIK), die globale Situation zu Beginn der Weltklimakonferenz in Glasgow 2021 mit folgenden Worten zusammen: »Die Welt befindet sich auf einem 2,7-Grad-Pfad. Dies würde eine stark zunehmende Häufigkeit von Extremereignissen wie Dürren, Überschwemmungen, Bränden, Krankheiten oder Hitzewellen bedeuten, dass diese der Menschheit ein angemessenes Leben beinahe unmöglich machen würden.« Und Rockström schließt mit den Worten: »Man würde praktisch auf einem zerstörten Planeten leben, um es klar zu sagen: Man will dort nicht hin!«[8]

Es sind Sätze, die an Deutlichkeit kaum mehr zu überbieten sind. Sie ersetzen in der Klimakommunikation ganze Bände wissenschaftlicher Zahlen und Diagramme zum Klimawandel, Daten, die ich oft nicht mehr übersehen und nur im Ansatz verstehen kann. Aber ich denke: Jeder Unternehmer, jede Unternehmerin, jeder Vater und Großvater, jede Mutter oder Großmutter, jeder Investor und jede Investorin sollte wissen, dass eine fossile »Weiter-so«-Wirtschaft katastrophale Folgen für das Leben künftiger und heute lebender Generationen haben wird. Mit etwas Phantasie und Sachkenntnis kann sich jeder die Folgen für sein Fachgebiet oder sein persönliches Umfeld ausmalen.

Jedem Politiker und jeder Politikerin, jedem Anlageberater und jeder Anlageberaterin, jedem Bauplaner und jeder Bauplanerin und jedem Lehrer, jeder Lehrerin muss inzwischen klar sein: Leugnen, Verharmlosen und Ignorieren der menschgemachten Erderhitzung ist der schlimmste Verrat an den Menschen, die ihm oder ihr vertrauen, die ihm oder ihr ihre Wählerstimme oder ihr Geld anvertrauen.

In Analogie zur Medizin: Auch wenn die Betrachtung der Diagnose einer bedrohlichen Krankheit oft schmerzhaft ist – ohne eine fundierte Diagnose gibt es keine »Heilung«, keine Lösungen.

Und bei den Lösungen gibt es zuallererst eine gute Nachricht: Die globale Staatengemeinschaft hat sich im Abschlussprotokoll der Klimakonferenz in Paris 2015 auf ein Ziel zur Begrenzung der globalen Erwärmung auf deutlich unter 2 Grad (nach Möglichkeit 1,5 Grad) gegenüber der vorindustriellen Zeit geeinigt – auch wenn dieses Ziel in der Realität einer sich beschleunigt fortschreitenden Erderhitzung immer schwerer und vermutlich gar nicht mehr zu erreichen sein wird. Es gibt jedoch gute Gründe, die Vereinbarung von Paris auch in Zukunft als ein nicht (mehr) verhandelbares Ziel internationaler Klimapolitik zu respektieren. So sind bei einer Klimaerwärmung von *mehr* als 1,5 Grad in zunehmendem Maße Folgen zu erwarten, die sich ohne kurzfristige Emissionsreduktionen selbst verstärken, beschleunigen und am Ende unumkehrbar sein werden. So haben Korallenriffe, die zu den schönsten und artenreichsten Ökosystemen der Erde gehören, bereits oberhalb einer globalen Erwärmung von 1,5 Grad nur noch eine geringe Chance auf ein Überleben.[9] Freunde, die das Great Barrier Reef an der australischen Küste, das größte Korallenriff der Welt, besucht hatten, berichteten mir übereinstimmend, dass sie bereits jetzt statt farbiger Fisch- und Pflanzenpracht fast nur noch ausgebleichte Korallenskelette vorgefunden haben.

Eine wichtige Eigenschaft des Treibhausgases CO_2, das den Löwenanteil von rund drei Vierteln an der Erderhitzung verursacht, ist seine hohe chemische Stabilität. Das vom Menschen durch Verbrennung zusätzlich in großen Mengen emittierte CO_2 hat in der Atmosphäre eine Verweilzeit von mehreren 100 Jahren. So konnte seit dem Beginn der Industrialisierung zum Ende des 19. Jahrhunderts der Gehalt von CO_2 in der Atmosphäre um mehr als 40 Prozent zunehmen. Seitdem nutzt die Menschheit die Atmosphäre als kostenlose, direkt zugängliche »Deponie« für CO_2 aus der Verbrennung von Kohle, Erdöl oder Erdgas. Mehr als die Hälfte des vom Menschen in die Atmosphäre emittierten Kohlendioxids stammt aus dem Zeitraum zwischen 1850 und 1989.[10]

Vor diesem Hintergrund erscheint es mir skurril, dass die Rauchwolken aus den Kohlekesseln des Kanonenbootes Iltis, auf dem mein Hamburger Großvater in der glücklosen deutschen Kolonie Tsingtao Anfang des 20. Jahrhunderts als kaiserlicher Marineoffizier Dienst tat, noch heute zur Erderhitzung beitragen.

Die lange Verweilzeit von CO_2 in der Atmosphäre bedeutet, dass die Weltgemeinschaft nur noch eine begrenzte Menge von CO_2 in die Atmosphäre emittieren darf, wenn sie die Grenzen des Pariser Abkommens einhalten will – das sogenannte globale Restbudget. Bei der unverminderten CO_2-Emission seit Beginn der 20er Jahre dieses Jahrhunderts, also einer fossilen »Weiter-so«-Wirtschaft, wird dieses globale Restbudget bis circa 2030 ausgeschöpft sein.

Leider blieben die im Rahmen des Pariser Abkommens bislang eingereichten nationalen Selbstverpflichtungen zur Begrenzung der Emission von Treibhausgasen und zu klimaverträglichem Wirtschaften bis Anfang der 20er Jahre weit hinter den gesetzten Zielen zurück. Sie reichten allenfalls für die im Statement von Johan Rockström zitierte Begrenzung der globalen Erderhitzung auf 2,7 Grad.

Glücklicherweise gibt es jedoch auch noch »Abnehmer« für CO_2, sogenannte CO_2-Senken, zum Beispiel Wälder, Böden oder Moore. Diese natürlichen CO_2-Speicher können wir durch Schutz, Wiederaufforstung oder Wiederherstellung des natürlichen Wasserhaushalts stärken. Diese konstruktiven Lösungen, mit denen die Natur uns helfen kann, die drohende Heißzeit zu verhindern, stellt Klaus Wiegand in einem hervorragenden Sammelband vor.[11] Ob es eines Tages wirklich möglich sein wird, zusätzlich auch noch mit Hilfe technischer Systeme in relevantem Umfang, mit vertretbarem Energieaufwand und realistischen Investitionen CO_2 aus der Atmosphäre zurückzuholen, erscheint mir fraglich. Auf dieses aus meiner Sicht problematische und schwierige Thema gehe ich in Kapitel 5 (Die Geister in der Flasche) ein.

Was nach Aufnahme durch CO_2-Senken übrig bleibt, ist die noch deponierbare kumulierte Netto-CO_2-Emission, also das zur Verfügung stehende globale CO_2-Restbudget.

Damit es im Verlauf des notwendigen Strukturwandels in eine fossilfreie Welt nicht überschritten wird, muss die jährliche globale Netto-CO_2-Emission innerhalb eines begrenzten Zeitraums auf null heruntergefahren werden. Dieses Ziel bzw. dieser Zustand der Netto-Null-Emission von CO_2 ist die zentrale Voraussetzung für *Klimaneutralität,* also den Zustand, in dem das Klima durch menschliche Aktivität nicht beeinflusst wird.

Wichtig dabei ist, dass Klimaneutralität auch die Emission aller anderen Treibhausgase – vor allem Methan – sowie alle weiteren Einflussfaktoren auf das Klima einschließt. Dazu gehört auch der meist menschliche Einfluss auf natürliche CO_2-Senken in Form von Bewirtschaftung, Schutz oder Renaturierung landwirtschaftlicher Flächen, Wälder oder Moore.

Es wird deutlich: Je kleiner das CO_2-Restbudget, umso früher muss Klimaneutralität erreicht werden. Vorherrschendes Ziel in Politik und Wirtschaft ist daher die Erreichung globaler Klimaneutralität in einem sozial und wirtschaftlich verträglichen, »gleitenden« Prozess bis etwa zur Mitte dieses Jahrhunderts. Im 6. Sachstandsbericht des Weltklimarates wird allerdings darauf hingewiesen, dass der Umfang kurzfristiger Minderung der Treibhausgasemissionen bis 2030 entscheidend dafür ist, ob die globale Erwärmung auf 1,5 oder 2 Grad begrenzt werden kann.[12] Dies betrifft vor allem die Industriestaaten als Hauptverursacher der Erderhitzung und als wirtschaftlich leistungsfähigste Staatengruppe.

Lösungen und Chancen statt Katastrophen

Spätestens an dieser Stelle setzt die für mich durchaus verständliche Kritik vieler sogenannter »Realisten«, also erfahrener und kompetenter Wirtschaftswissenschaftler und Wirtschaftslobbyisten, ein: Dieser Zeitplan sei ja gar nicht zu schaffen, er sei völlig unrealistisch, unausgegoren und vor allem viel zu teuer. Auf jeden Fall ist er extrem eng und aus Sicht vieler Praktiker unmöglich umzusetzen, weil sie sich eine rein von regenerativen Energien gespeiste Volkswirtschaft einfach nicht vorstellen können. Auch der hohe Grad dafür notwendiger internationaler Kooperationen wird für unrealistisch gehalten.

Ich vermute: Alle diese wohlbegründeten Einwände, die sich an unserer aktuellen wirtschaftlichen und gesellschaftlichen Realität orientieren, werden in den kommenden 10 bis 20 Jahren von den existenziellen klimatischen, gesellschaftlichen und politischen Zwängen einfach abgeräumt werden. Wenn wir den Weg in die globale Klimaneutralität bis zur Mitte des Jahrhunderts nicht einschlagen, nehmen uns die Naturgesetze die Freiheit zum Handeln aus der Hand. Um dies zu verhindern, müssen wir Lösungen für den Übergang in eine fossilfreie Welt finden. Und es gibt sie!

Ein anschauliches Beispiel ist die Stromversorgung auf der Grundlage erneuerbarer Energien. Wie garantiert man eine sichere Stromversorgung ohne die jederzeit verfügbaren und bewährten Brennstoffe Kohle, Öl und Gas oder Uran mit tages- und jahreszeitlich schwankenden erneuerbaren Energien? »Die Sonne scheint bekanntlich nicht nachts, und der Wind weht schließlich, wann er will« – diese Aussage ist so elementar wahr und durchschlagend, dass sie gefühlt in den letzten 30 Jahren bei Vertretern und Lobbyisten aus Industrie, Handel oder Handwerk nichts an ihrer Überzeugungskraft eingebüßt hat, wenn es darum geht, gegen Solar- und Windenergie zu polemisieren. Und mit Batteriespeichern kann man leider nicht kontern – sie sind im großen energiewirtschaftlichen Maßstab viel zu teuer, und daher ist ihre sinnvolle Anwendung vor allem begrenzt auf mobile Systeme.

Dennoch kann eine fossilfreie Stromversorgung sicher und bezahlbar sein. Sie kann in jeder Sekunde der 8.760 Stunden eines Jahres lückenlos verfügbar sein, ob im tiefsten Winter oder im heißesten Sommer. Dass so etwas in einem Land wie Deutschland funktioniert, das können sich selbst gestandene Elektroingenieure und Energietechniker oft einfach nicht vorstellen. Ich behaupte: Viele wollen es sich auch gar nicht vorstellen. Und es ist, offen gestanden, auch nicht ganz einfach.

Doch die Frage wurde in komplexen Modellrechnungen im Detail, auch unter Worst-Case-Szenarien, untersucht. Die überraschende Antwort lautete: Eine Stromversorgung, die sich vollständig aus erneuerbaren Energien, also Sonne, Wind, Biomasse und Wasserkraft, speist, kann die gewohnte Versorgungssicherheit bieten und ist technisch, systemisch und wirtschaftlich möglich.

Grundvoraussetzung dafür ist allerdings eine dezentrale, hochvernetzte und intelligente Struktur flexibler Stromerzeuger in Kooperation mit Verbrauchern, die ebenfalls in technisch und wirtschaftlich gebotenen Grenzen flexibel sind. Mittelfristig werden mit erneuerbarem Strom hergestellter »grüner« Wasserstoff für industrielle Anwendungen und sogenannte E-Fuels als stoffliche Energieträger und Energiespeicher benötigt werden. Soweit ein Beispiel für eine andere, eine fossilfreie Welt. Genauer gehe ich auf diese komplexe Thematik einer fossil- und nuklearfreien Energieversorgung in Kapitel 3 ein (Wir wissen, was zu tun ist).

Dazu noch eine gute Nachricht: Wir sind in Deutschland schon auf einem guten Weg zu einer fossilfreien und klimaneutralen Stromversorgung. Bereits ohne hochvernetzte, voll digitalisierte, intelligente Versorgerstruktur und mit weitgehend »unflexiblen« Verbrauchern ist der Anteil erneuerbarer Energien bei der Stromerzeugung in unserem Land von rund zwei Prozent zu Beginn der 90er auf deutlich über 50 Prozent (2023) gestiegen. Und warum?

Weil die Bürgerinnen und Bürger es politisch so wollten. Und weil mit Hilfe des Erneuerbare-Energien-Gesetzes (EEG) der Ausbau von Wind- und Solarenergie gezielt gefördert und vorangetrieben wurde – wenn auch gegen erhebliche Widerstände unter anderem vonseiten etablierter Strom- und Energieversorger. Dieses Gesetz wurde aufgrund seines Erfolges weltweit kopiert, und es zeigt: Wenn unsere Gesellschaft es wirklich will, dann bedeutet die Forderung nach Klimaneutralität Chancen und keine Katastrophen.

Klimawandel ist »anders«

Dennoch: Der menschgemachte Klimawandel bleibt eine Herausforderung, für deren Lösung es (noch) keine Vorlage gibt, keine Blaupause. Wir können nicht einfach zu unseren bewährten Lösungen, unseren immer wieder angewandten Strategien greifen. Der Klimawandel ist eben »anders« – ähnlich wie bei dem Phänomen, einen Menschen einfach nicht zu mögen, aber nicht wirklich zu wissen, warum: Der oder die, sagt man, ist eben »anders«. Und dass der Klimawandel »anders« ist, dafür gibt es eine Reihe von Gründen:

Der Klimawandel zeigt das doppelte Gesicht von CO_2.

Kohlendioxid ist für das Leben auf der Erde unverzichtbar – als Klimagas und als Teil des globalen biologischen Stoffwechsels. Oberhalb einer Konzentration von circa 280 ppm in der Atmosphäre wird es jedoch durch die Verstärkung des Treibhauseffektes zunehmend zu einem Schadstoff. Es verhält sich dann ähnlich wie die Fettansätze beim Menschen: Sie sind in Zeiten der Nahrungsmittelknappheit oder bei Krankheiten als Reserven in Maßen sinnvoll und notwendig, bei Übergewicht tendenziell aber schädlich und potentiell tödlich.

Der Hauptauslöser für den Klimawandel ist ein harmloses Gas.

CO_2 ist unser ständiger Begleiter – nicht zuletzt stoßen wir es selbst mit jedem Atemzug aus. Es ist so unauffällig, dass es sich in jedem ungelüfteten Schlafzimmer über Nacht ansammeln darf, es ist unsichtbar, ungiftig und geruchslos. Damit unterscheidet es sich grundlegend von jener unappetitlichen Mischung aus Ruß, Feinstaub, Schwefeldioxid und Nebel, die heute vor allem asiatischen Großstädten zu schaffen macht: dem Smog. Das gleiche Problem hatten wir in Deutschland im Ruhrgebiet, seinerzeit Schwerpunkt der deutschen Steinkohleförderung und Wiege der deutschen Industrialisierung. Kohlekraftwerke, Kokereien, Hochöfen und Stahlkonverter entließen bis in die 70er Jahre praktisch ungefiltert Staub und gesundheitsschädliche Abgase in die Luft rund um das idyllische Flüsschen Ruhr. Die Folge: Der blaue Himmel dort war nur noch selten zu sehen. Den Schmutz in der Luft, den konnte man damals sehen, riechen und aushusten. Das Ruhrgebiet hatte in Sachen Luft- und Lebensqualität einen denkbar schlechten Ruf.

In den ersten Semestern meines Studiums fuhr ich regelmäßig mit der Bahn von Siegen nach Hamburg. Auf jeder Fahrt in den Norden erlebte ich das Gleiche: Etwa um Hagen herum wurde es draußen vor den Fenstern des Abteils trübe und dunkel: Ruhrgebiet, Kohlenpott. Sofort senkte sich eine gewisse Schwermut auf das Gemüt, sichtbar auch in den Gesichtern der Mitreisenden. Ab Münster dann hellte es sich wieder auf, und die Sonne bekam eine neue Chance.

Für die Menschen in der Region war das Problem tagtäglich unmittelbar sichtbar, und 1961 brachte der damalige Kanzlerkandidat Willy Brandt die Thematik in einer Rede in der Bonner Beethovenhalle auf den Punkt: »Der Himmel über der Ruhr muss wieder blau werden!« Das war das zündende Motto zur Bekämpfung eines anerkannten, täglich sichtbaren Notstandes, und entsprechend rasch wurde das Problem durch Emissionsvorschriften, Gesetze und vor allem durch die relativ preiswerte und hocheffiziente Technik der Elektrofilter für die Rauchgase aus Kraftwerken und Hochöfen dann auch gelöst. Die Menschen im Ruhrgebiet atmeten auf; die Luftqualität war spürbar besser.

Ob dagegen die Konzentration von CO_2 in der Luft um 50 oder 100 ppm höher ist als noch vor ein paar Jahren, das sieht und riecht keiner, der morgens aus dem Haus geht, denn CO_2 ist ja geruchlos und unsichtbar. Folglich lässt sich damit eine vergleichbare politische Handlungsbereitschaft wie beim Ruhrgebietssmog nicht auslösen.

Die Vorgänge des Klimawandels und seine Folgen sind extrem komplex. Sie lassen sich auch von naturwissenschaftlich und allgemein Gebildeten nur begrenzt nachvollziehen.

Es stimmt: Das Grundphänomen des Treibhauseffektes lässt sich mit etwas physikalischem Hintergrundwissen verstehen. Doch sein Umfang, die zeitliche Entwicklung der klimatischen Folgen für Mensch und Natur, die hochkomplexen Wechselwirkungen mit der Atmosphäre, den Ozeanen, der Kryosphäre (die die Erde bedeckenden Eismassen) und der gesamten Biosphäre – all dies müssen selbst Fachleute aus Physik oder Chemie, wenn sie nicht gerade mitten in der Thematik arbeiten, von der darauf spezialisierten wissenschaftlichen Community übernehmen. Das bedeutet: Jeder ist bei seiner Einschätzung der Erderhitzung und ihrer Folgen auf die Ergebnisse von ausgewiesenen Klimawissenschaftlern und Klimawissenschaftlerinnen angewiesen.

Diese Situation ist in unserer hochkomplexen Welt eigentlich nichts Ungewöhnliches. So kommt wohl kaum einer auf die Idee, die Laboranalyse seiner Blutwerte beim Arzt oder die Flugtauglichkeit des Jets, der *ready for boarding* ist, im Detail persönlich verstehen und kontrollieren zu wollen. Generell überfordert die in unserer modernen Welt rasant anwachsende Menge von Information und Wissen uns alle. In gewisser Weise gilt der berühmte Lehrersatz aus der »Feuerzangenbowle« an den Schüler Pfeiffer, alias Heinz Rühmann, »Pfeiffer, sie werden immer dümmer«, mittlerweile für uns alle. Der Anteil dessen, was jeder einzelne am wachsenden kollektiven Wissen in sich aufnehmen kann, nimmt stetig ab – in diesem Sinne werden wir alle einfach immer »dümmer«. Und dies gilt leider in besonderer Weise auch für das hochkomplexe und umfangreiche Wissen im Umfeld des Klimawandels.

Der Klimawandel lässt uns erstmals eine planetare Grenze spüren.

Der Klimawandel führt die Menschheit zum ersten Mal wirklich an die Grenzen der Belastbarkeit eines zentralen Teils des Lebensraums unseres Planeten, nämlich der Atmosphäre.

Gefühlt haben wir schon einige Male in der Menschheitsgeschichte zumindest regional Grenzen von Wachstum und der Belastbarkeit auf unserem Planeten berührt: bei der Energieversorgung, der Wasserversorgung, bei der Ernährung von über acht Milliarden Menschen oder bei der Gewinnung mineralischer oder biologischer Rohstoffe. Doch immer, wenn sich eine solche Grenze abzeichnete, gelang es der Menschheit, technische Alternativen zu finden, neue Rohstoffquellen zu entdecken oder effizientere Verfahren zu erfinden, etwa bei der Erschließung neuer Öl- oder Gasfelder.

Bei der Erderhitzung hingegen gibt es aufgrund der beschrieben Akkumulation (»Deponie«) der Klimagase in der Atmosphäre eine unverrückbare planetare Grenze: Ab 2,5 oder 3 Grad Erwärmung wird unser Planet in weiten Teilen praktisch unbewohnbar. Mit intelligentem und kooperativem Handeln kann die Menschheit das Erreichen dieser Grenze verhindern oder verzögern, aber wir können sie weder verschieben noch umgehen. Die Hoffnung, der Atmosphäre das in ihr angesammelte schädliche Klimagas irgendwann durch technische Mittel in relevantem Umfang wieder entziehen zu können, ist aus meiner Sicht trügerisch.

Der Klimawandel entwertet die fossilen Energievorräte von Kohle, Öl und Gas und die zur ihrer Nutzung aufgebaute Infrastruktur.

Um die 1,5-Grad-Grenze bei der Erderhitzung nicht zu überschreiten, muss der größte Teil der fossilen Energievorräte von Kohle, Mineralöl und Gas in der Erde bleiben – bei Kohle sogar über 80 Prozent.[13] Denn: Würden wir die existierende und geplante Infrastruktur für fossile Energieträger bis zum Ende ihrer technischen Laufzeit nutzen, wäre allein schon dadurch das CO_2-Restbudget für eine Grenze von 2 Grad Celsius ausgeschöpft.[14]

Dies ist vor allem für die Förderländer fossiler Energieträger und die beteiligten Unternehmen eine alarmierende Perspektive, die massive Widerstände erzeugt. Sie verdeutlicht die Dimension internationaler Interessenkonflikte bei den UN-Klimakonferenzen und erklärt die zähen Verhandlungen, deren Ergebnisse bislang weit hinter dem klimaphysikalisch Notwendigen zurückgeblieben sind. Der Hintergrund ist verständlich: Kein Staat, vor allem kein wirtschaftlich eher schwacher, kann und wird einer Entwertung seiner fossilen Energievorräte und Infrastrukturen tatenlos zusehen. Vielmehr ist zu erwarten, dass der Kampf um entsprechende Entschädigungen und Unterstützungen durch die Weltgemeinschaft hart und bitter werden wird, vor allem für ärmere Länder und Entwicklungsländer. Und wenn sie ihre Interessen nicht durchsetzen können? Als einfachste Lösung bietet es sich für die Betroffenen dann an, das Ende der Nutzung fossiler Energien nach Kräften zu verzögern – mit verheerenden Folgen für das Weltklima.

Der Klimawandel zeigt eine einfache, aber unbequeme Wahrheit: Der Himmel gehört uns allen.

Der Himmel über uns, also die Atmosphäre, ist ein globales Gemeinschaftsgut der Menschheit – wenn man überhaupt den keineswegs mehr selbstverständlichen Schritt vollziehen will, dass die Erde uns Menschen »gehört« und wir uns ihre Güter und Geschöpfe »untertan machen« dürfen, wie die Lutherbibel es nennt.[15]

Die Bewirtschaftung regionaler Gemeinschaftsgüter, sogenannter Allmenden, wie etwa Almweiden oder regionale Fischbestände, ist abgesehen davon ein altes Problem menschlicher Gesellschaften. Seine Lösung erfordert vor allem klare Regeln für alle Nutzer. Ohne sie droht Missbrauch durch den Rücksichtslosesten, Egoistischsten. Das bedeutet: Die Bewirtschaftung eines globalen Gemeinschaftsgutes wie der Atmosphäre benötigt internationale Regelungen. Es liegt auf der Hand, dass die Regelung eines »Gemeinguts«, das man nicht einmal sehen kann, weitaus schwieriger ist als die Festlegung und Überwachung von Regeln zur Nutzung einer Viehweide. Die großen Probleme bei der Nutzung von Gemeingütern führte übrigens zeitweilig dazu, diese Aufgaben gar für unlösbar zu halten; dabei entstand der geflügelte Begriff der »Tragik der Allmende« (Tragedy of the Commons).[16]

Die amerikanische Wissenschaftlerin Elinor Ostrom allerdings konnte anhand einer großen Zahl von Feldstudien nachweisen, dass die »Tragödie der Allmende« keineswegs die Regel und unvermeidbar ist.[17] Sie zeigte, unter welchen Bedingungen gemeinschaftliche Güter erfolgreich genutzt werden können. Ostrom erhielt für diese Arbeiten 2009 als erste Frau den Nobelpreis für Wirtschaftswissenschaften.

Worauf jeder sich verlassen kann: der Weltklimarat

In dieser ungewohnt komplexen globalen Krise sollten wir alle, vor allem aber die Verantwortlichen in Politik, Wirtschaft und Gesellschaft, auf verlässliche Zahlen, Daten und Fakten zurückgreifen können. Genau diese liefert Gott sei Dank der Weltklimarat, offiziell Intergovernmental Panel on Climate Change (IPCC) genannt. Er wurde 1988 mit Unterstützung der World Meteorological Organisation (WMO) und des United Nations Environmental Programms (UNEP) gegründet. Der IPCC ist ein wissenschaftliches Gremium und gleichzeitig ein zwischenstaatlicher Ausschuss der Vereinten Nationen (UN) mit Sitz in Genf.

Wer gehört ihm an? Erstens natürlich Wissenschaftler und Wissenschaftlerinnen aus der ganzen Welt, die zu seiner Arbeit als Autoren und Autorinnen und als Gutachter und Gutachterinnen beitragen, zweitens Regierungen von Staaten, also Mitglieder der UN oder der WMO, und drittens Beobachter und Beobachterinnen von mehr als 150 akkreditierten internationalen Organisationen sowie aus der Zivilgesellschaft. Beobachterstatus haben so unterschiedliche Organisationen wie die Weltbank, die EU, die Internationale Energieagentur (IEA), die Heinrich-Böll-Stiftung, die IATA (International Air Transport Association) oder die Princeton University.

Die Generalversammlung der Vereinten Nationen übertrug dem IPCC das Mandat, umfassend, objektiv und transparent den Sachstand zu den Ursachen des Klimawandels zusammenzutragen. Auf diese Weise sollen politische Entscheidungsträger Klimafolgen sowie Vermeidungs- und Anpassungsoptionen bewerten können. Bei seiner Arbeit ist der IPCC gegenüber den Regierungen aller 195 Mitgliedstaaten verantwortlich.

Entgegen einem weitverbreiteten Irrtum oder bewusster Desinformation führt der IPCC keine eigene Forschung durch, sondern wertet vielmehr »nur« sorgfältig die international vorhandene wissenschaftliche Literatur aus. Dabei darf nur von unabhängigen Fachwissenschaftlern geprüfte (*peer reviewed*) Literatur verwendet werden. In Ausnahmefällen werden auch geprüfte Berichte von Unternehmen oder Regierungsorganisationen zugelassen.

Der IPCC verfügt über drei Arbeitsgruppen: Arbeitsgruppe I bewertet die physikalischen Aspekte des Klimawandels, Arbeitsgruppe II analysiert die Auswirkungen des Klimawandels und Möglichkeiten der Anpassung und Arbeitsgruppe III widmet sich den Optionen, die Emissionen von Treibhausgasen zu reduzieren. Der IPCC verfasst auf Grundlage der zusammengetragenen und auf wissenschaftliche Qualität geprüften Ergebnisse regelmäßig sogenannte Sachstandsberichte (*Assessment Reports*) und Sonderberichte zu speziellen Fragestellungen. Bislang wurden sechs Sachstandsberichte veröffentlicht: in den Jahren 1990, 1995, 2001, 2007, 2014 und 2021–2023. Am 6. Sachstandsbericht (AR6) waren 740 Fachleute aus 90 Ländern, 30 davon aus deutschen Institutionen, als AutorInnen beteiligt.

Die AutorInnen der Sachstandsberichte arbeiten generell ehrenamtlich und werden nach jedem Sachstandsbericht ausgetauscht. Die Sachstandsberichte sind für jedermann in den Landessprachen der Mitgliedsstaaten frei zugänglich.[18]

Zu den recht umfangreichen und für den Laien meist nur schwer verständlichen Sachstandsberichten werden circa 20-seitige Zusammenfassungen für Politiker (*Summary for Policy Makers*, SPM) verfasst. Um einseitige Aussagen zu vermeiden, müssen diese Wort für Wort zwischen Regierungs- und Wissenschaftsvertretern abgestimmt werden. Von dieser Abstimmung unter Umständen abweichende Aussagen dürfen nicht einfach unter den Tisch fallen, sondern müssen in geeigneter Form, zum Beispiel in Fußnoten, berücksichtigt werden.

Diese aufwändigen Rahmenbedingungen für die Berichte des IPCC sichern auf vorbildliche Weise höchste wissenschaftliche Qualität und Transparenz. Kritiker des IPCC haben immer wieder versucht – auch mit fragwürdigen Mitteln – Unregelmäßigkeiten in der Struktur des IPCC oder Fehler in seinen Berichten aufzuspüren, um seine Arbeit zu diskreditieren.

Ein gravierender Fehler schlich sich tatsächlich bei einer regionalen Prognose in Bezug auf das Abschmelzen der Gletscher im Himalaya im vierten, 2007 veröffentlichten Sachstandsbericht ein. Ein offener wissenschaftlicher Diskurs ist jedoch die beste Versicherung gegen Fehler, und so konnte er gefunden, vom IPCC eingeräumt und schließlich korrigiert werden. Er war darüber hinaus 2010 auch Anlass für eine offizielle Evaluation der Struktur des IPCC durch das InterAcademy Council (IAC), den internationalen Dachverband der Wissenschaftsakademien.

Das Ergebnis: Dem IPCC wurde eine erfolgreiche Arbeit bescheinigt und gleichzeitig wurden Vorschläge zur Verbesserung von Strukturen und Abläufe unterbreitet, die im folgenden Jahr dann auch umgesetzt wurden. Mit Recht wird der IPCC mit seinen Sachstandsberichten als verlässliche wissenschaftliche Basis zum Verständnis der Ursachen und Auswirkungen des Klimawandels und zu den Möglichkeiten, ihn einzugrenzen, angesehen.

Für sein Engagement, den Klimawandel in das Bewusstsein der Weltöffentlichkeit zu rücken, erhielt der IPCC 2007 den

Friedensnobelpreis, zusammen mit dem damaligen US-Vizepräsidenten Al Gore, einem frühen, hochengagierten Kämpfer für eine Klimawende. Zu diesen bedeutenden Kämpfern gehört auch Papst Franziskus. Ich schreibe das, ohne Katholik zu sein oder irgendeiner religiösen Gruppierung nahezustehen. In der Folge seiner Umweltenzyklika »Laudato si« mahnt der Papst mit seinem Apostolischen Schreiben »Laudate Deum«[19], das sich an »alle Menschen guten Willens« richtet, in eindringlichen Worten eine Beschleunigung der Klimawende an. In 73 Abschnitten fasst er sämtliche relevanten Aspekte der Klimakrise knapp zusammen. Dabei kritisiert er in ganz unpäpstlichem Zorn auch die Klimaleugner innerhalb der eigenen Kirche. In seiner Argumentation geht er detailliert auf die wissenschaftlichen Fakten zum Klimawandel ein. Wer die 14 Seiten von »Laudate Deum« aufmerksam gelesen hat, wird mit diesem kompakten und motivierenden Text aus meiner Sicht alles gelernt haben, worum es beim Klimawandel wirklich geht. Wenn ich die Leser und Leserinnen meines Buches zu dieser Lektüre ermutigen könnte, wäre ich zufrieden und hätte als Missionar für die Klimawende ein ganz wichtiges persönliches Ziel erreicht.

Soweit der erste meiner vier Punkte zur Antwort auf die Frage: »Klimawandel, was kann *ich* tun?« Damit ist die Grundlage für den zweiten Punkt gelegt, denn nur, wer wirklich weiß, worum es geht, ist gerüstet für die nächste schwierige, ja zuweilen aufreibende Aufgabe: Streiten für das Klima!

Punkt 2: Streiten für das Klima

Die Erderhitzung lässt unsere Welt jedes Jahr ein Stück weiter in Flammen aufgehen – was keineswegs nur eine Metapher ist, sondern zum Beispiel in den Waldbränden Kanadas oder Griechenlands eine erschreckende Realität.

Wir dürfen nicht weiter die Augen davor verschließen: Es besteht die konkrete und akute Gefahr, dass in 50 bis 100 Jahren weite Teile unserer Erde nicht mehr bewohnbar und Millionen von Menschen auf der Flucht vor Hitze, Überflutung, Hunger und Krieg sein werden. Doch in fast allen Staaten, auch in den reichen Industrieländern, sind die Maßnahmen zur Begrenzung der Erderhitzung noch immer völlig unzureichend.

Dabei sind die Folgen katastrophal: Meine Geburtsstadt Hamburg etwa mit all ihrem pulsierenden Leben, mit der faszinierenden neuen Elbphilharmonie, mit dem Elbufer und den Elbstränden, dem Hafen und der Binnenalster – all dies würde bei fortschreitender Erderhitzung in weiten Teilen von immer stärkeren Sturmfluten und damit von Überflutung bedroht sein. Das Gleiche gilt für Traumorte meiner Jugend an der Nordsee, für Helgoland, für die weichen Sandstrände, für die Dünen und das Watt.

Alledem will kaum einer – auch ich nicht – in voller Konsequenz ins Auge sehen. Diese Reaktion, dieses Handlungsmuster des Wegschauens und Augenverschließens, ist natürlich zutiefst menschlich und sogar verständlich. Es entspricht den ersten Reaktionen auf eine schlimme Nachricht, die uns überfordert, sei es eine lebensbedrohliche medizinische Diagnose, ein existenzgefährdender Liquiditätsengpass im Unternehmen, die Aussicht auf einen ruinösen Rechtsstreit oder eben die Prognose der Klimawissenschaften.

Die Versuchung ist also groß, nicht auf den Expertenrat zu hören, sondern zunächst einmal auszuweichen, zu flüchten.

Die Stufen einer untauglichen Reaktion auf eine schlimme Nachricht sind nach meiner Erfahrung oft ganz ähnlich. Stufe 1: Der Wahrheitsgehalt der Nachricht wird zunächst einmal geleugnet oder in Zweifel gezogen. Stufe 2: Wenn die Nachricht keineswegs mehr geleugnet werden kann, wird versucht, Zeit zu gewinnen, um einschneidende Maßnahmen möglichst hinauszuschieben und um das gewohnte Leben und alte Strukturen so lange wie möglich aufrechtzuerhalten. Stufe 3: Resignation – das Problem ist unlösbar, Gegenwehr und Handeln sind sinnlos, die Kraft kann man sich sparen.

Genau entlang dieser Stufen haben sich auch die Strategien entwickelt, um der unangenehmen Wahrheit des anthropogenen Klimawandels und der Erderhitzung ausweichen zu können: in der Politik, in der Gesellschaft, in der Wirtschaft – und nicht zuletzt im Privaten.

Das Schlimme an all diesen Strategien mit ihren vermeintlich so plausiblen Argumenten (Leugnen, Ausweichen, Relativieren): Sie untergraben den politischen Willen für wirksamen Klimaschutz. Sie verzögern die notwendigen politischen, technischen, wirtschaftlichen und privaten Maßnahmen zur Erreichung von Klimaneutralität. Doch es bleiben gerade noch weniger als zehn Jahre, um endlich international wirksame Weichen zur Klimaneutralität zu stellen. Daher ist es notwendig, auf allen drei Stufen für das Klima zu streiten: auf Stufe 1 für die Wissenschaft, auf Stufe 2 gegen Ausreden und auf Stufe 3 für Mut statt Resignation.

Für diese schwierige Aufgabe ist es notwendig, die Ausweich- und Leugnungsstrategien in Bezug auf den Klimawandel mit all ihren falschen, bequemen und vermeintlich so »einleuchtenden« Argumenten so gut wie möglich kennen.

Für die Wissenschaft

Der Klimawandel ist ein typisches Beispiel für eine schlimme Nachricht, die Angst macht und verunsichert. Man kann jeden verstehen, der am liebsten nichts davon hören und sehen will. Daher konnten und können sich vermeintlich einfache und »einleuchtende« Argumente verbreiten, um den Klimawandel, um wissenschaftliche Ergebnisse, zu leugnen oder zu relativieren. Allerdings gibt es dabei eine gewisse Entwicklung: Die schlichte Leugnung der Klimakrise wird – zumindest in Deutschland – gesellschaftlich inzwischen als etwas peinlich eingestuft. Mit gutem Grund, denn sie widerspricht völlig den Sachstandsberichten des IPCC – und damit den wahrscheinlich am besten gesicherten und dokumentierten Ergebnissen aktueller wissenschaftlicher Forschung überhaupt.

Dennoch sind auch in unserem Land immer noch »einfache« und vermeintlich »plausible« Argumente im Umlauf, mit denen der Klimawandel geleugnet, bezweifelt oder relativiert werden soll. Diese Scheinargumente lassen sich unter dem Denkmantel »Meinungsfreiheit« ohne jede Kontrolle ihres Wahrheitsgehaltes im Internet verbreiten. Sie finden in TV-Talkshows, politisch rechts gerichteten Printmedien, Programmen rechtspopulistischer Parteien und Aussagen von Wirtschaftslobbyisten immer wieder Aufmerksamkeit.

Dass sich Argumente zur Leugnung des menschengemachten Klimawandels so verbreiten konnten, hat seinen Ursprung nicht zuletzt in harten wirtschaftlichen Interessen. Vermögenswerte in gigantischem Ausmaß stehen mittel- und langfristig vor ihrer Entwertung. Kohle-, Öl- und Gasreserven und ein großer Teil der Infrastruktur zu ihrer Nutzung werden, handelt man konsequent nach den Kriterien des Klimaschutzes, bald keine Schätze mehr sein, sondern wertlos. Dieses Schreckensszenario hat einen Namen: *Stranded Investments* durch international vereinbarte Klimaneutralität. Davon betroffen sind Kohlekraftwerke und Förderanlagen, aber auch Tankerflotten, Raffinerien, Bergwerke, Förderrechte – also milliardenschwere Investitionen, die in einer fossilfreien Weltwirtschaft einst sicher geglaubte Renditen nicht mehr erwirtschaften können. Im schlimmsten Fall wären sie zum Zeitpunkt ihrer Einstellung noch nicht einmal abgeschrieben.

Wen wundert es da, dass in den USA allein über Stiftungen Millionen von US-Dollar in Kampagnen investiert wurden, die den menschengemachten Klimawandel in Zweifel ziehen sollten? Doch sie hätten kaum so viel Erfolg gehabt, hätte nicht ein hochkarätiger und angesehener amerikanischer Wissenschaftler, nämlich Frederick Seitz, sie auf seine alten Tage aktiv unterstützt.

Jeder Festkörperphysiker kennt seinen Namen aus Lehrbüchern. Seitz leistete wichtige Beiträge zur Halbleiterentwicklung, er war Präsident der National Academy of Sciences und Präsident der Rockefeller University in New York. Viel höher kann man als Wissenschaftler in den USA kaum steigen. Wer wollte der Expertise eines solchen verdienten Titanen der Wissenschaft bei Themen auch außerhalb seiner eigentlichen Fachkompetenz *nicht* trauen? Seitz wurde so ein führender Kopf der Bewegung, die höchst wirksam Zweifel am menschengemachten Klimawandel säte. Er hatte sein wissenschaftliches Renommee allerdings schon zuvor in die Dienste fragwürdiger Interessen der Tabakindustrie gestellt, um die Gesundheitsgefahren des Rauchens in Zweifel zu ziehen.[20]

Verstärkt wurde der Erfolg dieser Kampagnen zur Klimaleugnung durch einen Effekt, den jeder Journalist kennt: Das Widersprüchliche, Böse, Halbseidene, Falsche fasziniert uns Menschen leider oft mehr als das Gute, das Konstruktive. Als Rektor an der Hochschule habe ich Medienvertreter nie so verärgert wie mit meiner Weigerung, etwas über die Person eines terrorismusverdächtigen Studierenden auszuplaudern oder Details über meinen stadtbekannten Streit mit einem exzentrischen Kollegen preiszugeben. Analog konnte ich die Studierenden in meinen Vorlesungen zur Energiewirtschaft nie so mühelos fesseln wie mit dem spielerischen Einüben von *Desinformation* – zum Beispiel beim gezielten Verfälschen von Energiebilanzen. Denn auch das will gelernt sein!

Nur wer die Wege zum Betrug kennt, kann ihm auch auf die Spur kommen. Ich hätte mir unter meinen Hörern damals zuweilen Medienvertreter gewünscht, etwa Redakteure, die oft fragwürdige Argumente für Kernenergie oder gegen erneuerbare Energien veröffentlichten, die ihnen Repräsentanten von Energieversorgern erzählt hatten.

So fragwürdig sich eingefleischte »Klimaleugner« aufgeklärten, differenziert denkenden Menschen auch präsentieren mögen – sie gehören noch immer zu den gefährlichen Bremsern auf dem Weg zu einer klimaneutralen Welt. Sie liefern willkommenes Material für Ausreden und verzögern die Entwicklung eines breiten politischen Willens für den Klimaschutz. Es ist wichtig, ihre Scheinargumente zu kennen – vor allem, um nicht von der vermeintlichen Plausibilität und Einfachheit der Argumente überrascht zu werden. Es hilft, wenn man in der Lage ist, sie überzeugend zu entkräften. Aber Vorsicht: Wer fachlich nicht absolut sattelfest ist, sollte guten Gewissens darauf verzichten, sich derartigen klimawissenschaftlichen Diskussionen zu stellen. Wir können unmöglich alle kleine Klimawissenschaftler sein oder werden.

Zu den ersten und wirkungsvollsten Argumenten aus dem Bereich der Leugnung, Bezweiflung und Verharmlosung des Klimawandels gehört das folgende: **Die Klimawissenschaftler sind sich ja selber gar nicht einig, ob es einen menschengemachten Klimawandel überhaupt gibt.**

Die Quelle dieser Behauptung ist eines der beeindruckendsten Beispiele für erfolgreiche Desinformation: die an die US-Regierung gerichtete sogenannte *Oregon Petition*, die 1998 in den USA veröffentlicht wurde. Sie verbreitete die Behauptung, dass in den USA über 31.000 Wissenschaftler nicht davon überzeugt seien, dass es eine vom Menschen hervorgerufene globale Erwärmung gebe. Viele Unterschriften unter der Petition konnten nicht nachvollzogen werden, es gab Spaßeinträge: die Spice Girls und Charles Darwin waren dabei. Jeder Akademiker ab Bachelorgrad in einem mit Naturwissenschaften verwandten Fach durfte unterschreiben und allenfalls ein Tausendstel der Unterzeichner hatten einen fachlichen Hintergrund in Klimatologie.

Ganz anders sieht es in der klimawissenschaftlichen Gemeinschaft aus: Mehrere voneinander unabhängige Umfragen konnten zeigen, dass dort weit mehr als 90 % Prozent der Befragten die Existenz eines anthropogenen Klimawandels bejahen.[21]

Das Argument einer vermeintlich uneinigen Gemeinschaft, eines fehlenden Konsenses der Klimawissenschaftler über den anthropogenen Klimawandel, ist also definitiv falsch. Doch die Hintermänner der Oregon Petition hatten ihr Handwerk gelernt und erprobt, zum Beispiel, wie schon erwähnt, in einer Kampagne der US-Tabakindustrie zur Leugnung gesundheitlicher Schäden durch das Rauchen. Daher hatten sie sich auch mit Kennerblick eine Schlüsselüberzeugung herausgesucht. Denn wer wäre schon bereit, den steinigen Weg in eine fossilfreie Welt zu gehen, wenn sich noch nicht einmal die Wissenschaftler darüber einig sind, ob der Klimawandel wirklich vom Menschen verursacht ist?

So geschickt und eingängig gemachte Desinformationen wie die Oregon Petition sind leider höchst langlebig und auch in »homöopathischer Dosis« noch wirksam. Aber: Jeglicher noch so geringe Zweifel am Konsens der Klimawissenschaftler über den menschengemachten Klimawandel untergräbt den politischen Willen für Klimaschutz.

Ich hatte in den 90er Jahren als Experte und Vortragsredner für Photovoltaiksysteme mit einer analogen Situation zu kämpfen. Repräsentanten der Elektrizitätsversorgungsunternehmen wurden damals nicht müde, die für sie lästige und noch sehr teure Photovoltaik zu diskreditieren. Zu diesem Zweck verbreiteten sie unermüdlich die Behauptung, zur Herstellung von Photovoltaiksystemen sei mehr elektrische Energie erforderlich, als die Anlagen im Laufe ihrer Lebensdauer überhaupt erzeugen könnten. Dieses Argument erhöhte mitunter schon im Gespräch mit dem Taxifahrer auf dem Weg vom Bahnhof zum Vortragsort meinen Blutdruck: »Ach, sie sprechen heute Abend über Photovoltaik? Ich hab' gehört, dazu braucht es doch mehr Energie, als man damit gewinnen kann!«

Die Kommunikations- und Medienprofis der Energieversorgungsunternehmen hatten also mit großem Geschick ein vermeintliches Schlüsselargument gefunden, das die Stromerzeugung mit Photovoltaik als energiewirtschaftlichen und ökologischen Unsinn entlarven sollte und das dazu noch höchst eingängig und populär war. Doch die Wahrheit ist: Es war schon damals nichts Anderes als Desinformation. Ihm lagen veraltete Daten von der Herstellung der allerersten Photovoltaikmodule zugrunde. Für diese wurden höchstwertige, viel zu dicke Siliziumwafer aus der Chipherstellung verwendet. Tatsache ist, dass in das Stromnetz einspeisende Photovoltaikanlagen je nach Technologie und Standort die Energie, die zu ihrer Herstellung aufgewendet wurde, nach weniger als ein bis drei Jahren zurückgewinnen und danach über mehr als 20 Jahre lang Solarstrom produzieren – ohne fossile oder nukleare Brennstoffe und ohne CO_2-Emissionen.

Das zweite, sehr populäre Argument bringt die Begriffe Wetter und Klima durcheinander: **Wie wollen die Klimawissenschaftler denn Prognosen über das Klima in 75 Jahren abgeben, wenn die Meteorologen noch nicht einmal in der Lage sind, das Wetter sicher für nächste Woche vorherzusagen?**

Zu diesem »Argument« schreibt der Fernsehwettermoderator Sven Plöger, der Dinge wunderbar auf den Punkt bringen kann, ganz einfach: »Wetter ist jetzt und hier, Klima ist immer und überall.«[22]

Wetter ist der Zustand der Atmosphäre zu einem bestimmten Zeitpunkt an einem bestimmten Ort – und unterliegt damit erheblichen Schwankungen, wie jeder aus eigener Erfahrung weiß. *Klima* hingegen beruht auf Mittelwerten über einen Zeitraum von mindestens 30 Jahren. 30 Jahre sind lang genug, um statistisch relevante Trendaussagen zu machen. Das ist übrigens noch ein weiterer Aspekt, warum der Klimawandel »anders« und so schwer zu fassen ist: Kein Mensch hat ein Wahrnehmungsorgan für eine mathematisch erzeugte statistische Größe oder für Zeiträume, die Jahrzehnte umfassen. Ganz im Gegensatz zum Wetter: Wir können es fühlen, riechen, hören oder sehen.

Beim nächsten Argument, so primitiv es auch ist, kommen bei einer Erwiderung auch eingefleischte Klimaschützer an ihre Grenzen: **Klimawandel und Klimaänderungen hat es doch immer schon gegeben.**

Richtig! Ohne Zweifel hat unsere Erde in den Jahrmillionen und -milliarden vor unserer Zeit schon Temperaturschwankungen und andere atmosphärische Extreme erlebt. Sie wären uns Menschen nicht gut bekommen. Letztlich geht es aber gar nicht um die Frage, was unsere Erde, unsere Biosphäre aushält, sondern, was wir Menschen und darüber hinaus unsere hochkomplexe menschliche Gesellschaft aushalten. In diesem Sinne sollte man statt von *Klimaschutz* im Grunde eher von *Menschheits-* oder *Gesellschaftsschutz* sprechen.

Die menschliche Gesellschaftsstruktur hat sich in den vergangenen 10.000 Jahren nach dem Ende der letzten Eiszeit unter sehr stabilen klimatischen Verhältnissen entwickelt und sich an diese angepasst. Diese günstigen Bedingungen waren notwendig, damit wir Menschen überhaupt eine Chance hatten, sesshaft zu werden, Landwirtschaft zu betreiben, Städte zu gründen, Handel zu betreiben, Musik, Literatur, Wissenschaft, Forschung und Technik entstehen zu lassen und all das, was unsere menschliche Zivilisation ausmacht.

Was die aktuellen Klimaänderungen so brisant macht, ist die hohe Geschwindigkeit, mit der sie sich vollziehen: Die letzte große globale Erwärmung fand vor etwa 15.000 Jahren statt, zum Ende der letzten Eiszeit. Damals, so wissen wir heute, erwärmte sich das Klima global um etwa fünf Grad. Allerdings nahm sich die Erdgeschichte für diesen Temperaturanstieg rund 5.000 Jahre Zeit![23] Wir Menschen hingegen sind im Begriff, eine ähnlich einschneidende globale Temperaturerhöhung in einem guten Jahrhundert zu verursachen, also rund 50-mal schneller – da wird Anpassung für viele Bewohner unserer Biosphäre (zum Beispiel Bäume und ihr ökologisches Umfeld) schwer bis unmöglich.

Ein Argument, das die Grenzen der Vorstellungskraft der meisten Menschen ausnutzt, ist das folgende: **CO_2, ein Gas, das in der Erdatmosphäre einen Anteil von gerade mal 400 ppm hat, kann doch nicht den globalen Klimawandel verursachen!**

400 ppm, das heißt 400 Parts per Million, also tatsächlich »nur« 0,04 Prozent – aber immerhin 0,4 Promille. Und da wird, wenn es um den Alkoholgehalt im Blut geht, bei der Polizeikontrolle schon mal genauer hingeschaut …

Aber man kann auf die Frage nach der Wirkung von 0,04 Prozent CO_2 natürlich auch seriöser antworten: 99,9 Prozent unserer Atmosphäre bestehen aus Sauerstoff, Stickstoff und noch etwas Argon. Diese drei Gase haben keinen Anteil am Treibhauseffekt. Es verbleiben in der Atmosphäre nur noch rund 0,1 Prozent klimawirksame Gase, und davon hat CO_2 einen Anteil von immerhin 40 Prozent. Das rückt das Argument einer vermeintlich »geringen« Konzentration von CO_2 schon in ein ganz anderes Licht.

Generell sind jedoch auch solche Antworten auf oberflächliche unsinnige Behauptungen gefährlich, weil sie eine Einfachheit vorspiegeln, welche die tatsächlichen klimaphysikalisch hochkomplexen Prozesse einfach nicht abbildet. Wer sich dennoch besser gegen die pseudowissenschaftlichen Argumente und Strategien der Klimaleugnerszene wappnen will, dem empfehle ich noch einmal Sven Plöger, den Fernsehmeteorologen. Ich halte ihn für einen Klimakommunikator der Königsklasse, der den Klimawandel umfassend und verständlich darstellt – und dabei auch fundiert auf »kritische« Argumente eingeht.

Ein besonders perfider und haltloser Vorwurf gegen die Klimawissenschaftler ist folgende Aussage: **Die Klimawissenschaftler sichern sich durch die Forschungsgelder zum Klimawandel doch nur ihre Existenz, und was nicht der herrschenden Meinung entspricht, wird totgeschwiegen.**

Damit wird der weltweiten klimawissenschaftlichen Gemeinschaft unterstellt, ihre Mitglieder seien zum Erhalt ihrer Arbeitsplätze bereit, falsche Ergebnisse zu produzieren, also ihr eigenes Fach zu verraten. Dieser Vorwurf ist absurd, nicht nur vor dem Hintergrund der oben beschriebenen strengen Qualitätsanforderung für die Berichte des IPCC. Vielmehr würde eine

Forschergruppe, die nachweisen könnte, dass der Klimawandel *nicht* durch Treibhausgase aus menschlichen Aktivitäten verursacht wird (oder bei den heutigen Werten stehenbleiben wird), sich einen Platz auf der Liste für einen der nächsten Nobelpreise für Physik oder Chemie sichern. Auch ein erster belegbarer Hinweis auf irgendeine Entwarnung in Sachen Klimawandel würde von Klimawissenschaftlern und Klimawissenschaftlerinnen nicht mit Enttäuschung, sondern großer Erleichterung aufgenommen werden. Denn gerade sie wissen am besten, was auf ihre Kinder und Kindeskinder, in den kommenden Jahrzehnten zukommt.

Ich weiß aus eigener Erfahrung, wie hart in wissenschaftlichen Communities um Daten, um ihre Interpretation und ihre Folgen gestritten und gerungen wird. Hier werden nur solche Ergebnisse auf Dauer anerkannt, die sich unter gleichen Bedingungen wiederholen lassen (»reproduzierbar sind«) und die im wissenschaftlichen Diskurs Bestand haben. Im Fraunhofer-Institut für Angewandte Festkörperphysik in Freiburg, wo ich als junger Wissenschaftler meine Lehrjahre verbrachte, musste jeder, der einen Vortrag auf einer Fachkonferenz halten wollte, erst im internen Kreis der Fachkollegen »vorsingen«.

Wir Fachkollegen waren untereinander meist in Freundschaft verbunden; schließlich war das Institut für uns wie ein Garten Eden zwischen Schwarzwald und Elsass. Es waren Freundschaften, die sich bei gutem Essen aus Baden und Frankreich, mit Wein vom Kaiserstuhl, bei Wanderungen und Skitouren im Schwarzwald, bei Paddeltouren in den Rheinauen oder auf französischen Flüssen wunderbar pflegen ließen. Doch trotz aller Freundschaft galt bei diesen Probevorträgen schon aus wissenschaftlichem Sportsgeist und aus Sorge um die Qualität und das Renommee des Institutes das Prinzip der maximal möglichen Kritik – mitunter auch der maximalen Bosheit. Jeder nur mögliche Einwand zu einer vorgetragenen Arbeit wurde von den Kollegen vorweggenommen. Wer diese

Prüfung erfolgreich bestand, konnte dann guten Mutes auf seine internationale Konferenz gehen, wo es oft im ähnlichen Stil weiterging. Die US-Amerikaner waren gottlob zumindest vordergründig höflicher, in der Sache jedoch genauso hart. Wir »Germans« galten unter Wissenschaftlern mitunter als »rude«, das heißt unhöflich oder ungehobelt. Denn, wie der alte Goethe in »Faust« den jungen selbstbewussten, forschen Akademiker sogar den Teufel belehren lässt: »Im Deutschen lügt man, wenn man höflich ist.«[24]

Ich kann daher aus eigener Erfahrung bestätigen, dass es sinnvoll und begründet ist, den Ergebnissen internationaler wissenschaftlicher Fachgruppen zu vertrauen. Alles, was dort nicht auf sicheren Füßen steht, wird von den Kollegen mit freundschaftlichem Sportsgeist im Ringen um die Wahrheit (und natürlich im Konkurrenzkampf um wissenschaftliche Anerkennung) über kurz oder lang eingerissen.

Das nächste Argument kommt aus der Gruppe derer, die noch nicht verstanden haben, dass es beim Klimawandel für uns alle wirklich ernst wird. Seit ich mit dieser Aussage zum ersten Mal konfrontiert wurde, kann ich auf ihre Perfidie leider kaum mehr sachlich reagieren: **Der Klimawandel hat schließlich auch positive Seiten.**

Dieses Argument hatte ich lange Zeit nicht im Blick, und daher traf es mich völlig unvorbereitet – und zwar nach einem interessanten Gespräch über Umweltkommunikation mit einer Mitarbeiterin in einem bayerischen Ministerium. Zum Schluss vertraute meine Gesprächspartnerin mir ihre persönliche Meinung zum Thema Klimawandel an: »Wissen Sie, was mich bei dem Thema Klimawandel so ärgert: Es werden immer nur die negativen Seiten genannt. Dabei hat der Klimawandel doch auch positive Auswirkungen! Mein Sohn, der ist Physiker wie Sie, der ist der gleichen Meinung.«

In diesem Augenblick verließ mich alle über viele Berufsjahre antrainierte politische Diplomatie, und spontan konnte ich nur antworten: »So ähnlich sieht das die AfD in ihrem Parteiprogramm auch!«

Erst nachdem ich mich leicht irritiert verabschiedet und die Pförtnerloge hinter mir gelassen hatte, wurde mir die ethische Tragweite und Ungeheuerlichkeit dieses Einwandes klar.

Ja, auch ich hatte mein Leben als rüstiger Pensionär im heißen Sommer 2018 beim täglichen Radeln und Baden im Starnberger See oder an lauen Sommerabenden bei einem Glas kühlen Weißwein genießen können. Aber dagegen stand das Leid der Millionen Klimaflüchtlinge, die von unerträglicher Hitze, Dürre, Extremwetter oder durch einen steigenden Meeresspiegel aus ihren Heimatländern vertrieben werden, aus Afrika, aus tiefliegenden Küstenregionen Asiens, aus ehemaligen Südseeinselparadiesen. Dazu kommt der drohende unwiederbringliche Verlust der artenreichsten und schönsten Ökosysteme der Welt und, und, und …

Weniger emotional wird dieses Argument unter volkswirtschaftlichen Aspekten beantwortet: Die ökonomischen Schäden des Klimawandels überwiegen deutlich. Die menschlichen Schäden, das persönliche Leid, lassen sich ökonomisch nur schwer bewerten und werden daher oft gar nicht erfasst. Nach einschlägigen Prognosen könnten sich in gemäßigten nördlichen Breiten die landwirtschaftlichen Erträge tatsächlich leicht verbessern – dem stehen allerdings massive Ertragseinbußen in Nord- und Südafrika und in Teilen Asiens gegenüber. Dabei besteht die Gefahr von Hungerkrisen durch lokale Unterversorgung. Fazit: Am Ende läuft es auf eine weitere Verschärfung der Diskrepanz zwischen Industrie- und Entwicklungsländern hinaus.

Ein weiterer Einwand gegen den anthropogenen Klimawandel geht von einer unklaren und überholten Vorstellung vom Begriff des »Beweises« aus: **Es gibt keine Beweise für die Existenz eines durch den Menschen verursachten Klimawandels**.

Was gilt als »Beweis« für die Existenz eines anthropogenen Klimawandels? Das Eintreten einer globalen Klimakatastrophe wäre ein reichlich absurdes Beweiskriterium. – Ähnlich absurd wäre die Situation eines Patienten, der als Beweis für die Richtigkeit der Diagnose seines Arztes erst das Ergebnis der Autopsie abwarten will.

Mit Hilfe von Klimamodellen lässt sich sehr wohl ein naturwissenschaftlich anerkannter Beweis für den vom Menschen verursachten Klimawandel erbringen. Der renommierte Klimawissenschaftler Mojib Latif erklärt dies auf verständliche Weise in seinem Buch »Heißzeit«.[25] Klimamodelle erzeugen mit den Methoden der numerischen Mathematik auf Basis physikalischer Gesetze und unter Einbeziehung der geographischen und atmosphärischen Randbedingen auf modernen Hochleistungscomputern ein digitales Abbild des Erdklimasystems. Er fasst das Ergebnis wie folgt zusammen: »Man kann demnach die globale Erwärmung nicht ohne den Faktor Mensch simulieren«.[26] Natürliche Einflussfaktoren wie Erdbahnparameter, Vulkanaktivitäten, Luftverschmutzung oder Sonneneinstrahlung allein reichen nicht aus, um die aktuelle globale Erwärmung zu verstehen. Im Gegenteil bewirken diese natürlichen Faktoren teilweise sogar ein leichtes Absinken der globalen Temperatur.

Derartige auf der Basis mathematischer Modelle erbrachte Beweise der spezifizierten Funktion hochkomplexer und kostspieliger Systeme oder Geräte sind bei deren Entwicklung und Test Stand der Technik. Sie ersetzen und ergänzen heute in vielen Fällen experimentelle Funktionsbeweise am realen Objekt. Kein modernes Flugzeug wird gebaut und absolviert seinen ersten Flug ohne umfassende Tests aller Funktionen und (hoffentlich) aller möglichen Flugsituationen am digitalen Abbild des Flugzeugs. Das Gleiche gilt für das Produktionsdesign und für den Test moderner hochintegrierter Schaltkreise in den milliardenschweren Fertigungsanlagen. An unserer Hochschule hatten die Studierenden der Elektrotechnik dank eines Förderprojektes die faszinierende Chance, hochintegrierte Schaltkreise selbst am Computer zu entwerfen, zu testen und dann in einer industriellen Fertigungsanlage in einigen Prototypen fertigen zu lassen. Natürlich blieben dabei Unsicherheiten und Fehlermöglichkeiten. Das führte dazu, dass unsere Studierenden – genauso wie vermutlich die Testpiloten beim ersten Flug eines im Modell entwickelten Flugzeuges – beim ersten Test des realen Chips mitunter Schweißperlen auf der Stirn hatten. Mich hat dieses Element praxisnaher Lehre immer derart fasziniert, dass ich dem Studiendekan glaubhaft versichern konnte, ich würde als Studienanfänger an unserer Hochschule den Studiengang Elektrotechnik und Informationstechnik wählen.

Zurück zu unserem Thema: Klimamodelle und Simulationsrechnungen ermöglichen auch Aussagen über die zukünftige Entwicklung des Klimas. Große Unsicherheiten bei der Vorhersage des Klimas in 10, 20 oder 50 Jahren sind dabei naturgemäß bedingt durch die Annahmen zukünftiger Emissionen von Treibhausgasen im Rahmen unterschiedlicher technologisch-politischer Entwicklungsszenarien. Unsicher ist also das Verhalten von uns Menschen, nicht das Verfahren zur Modellierung zukünftiger Klimaentwicklungen.

Genau dieser Aspekt führte für meine Familie und mich vor einigen Jahren zu einer gründlich misslungenen Frühstückseinladung – und zu einer interessanten Facette von »Klimaleugnung«: Unser Gastgeber, ein Medizinprofessor, bestritt, während er und ich gemeinsam das Frühstück vorbereiteten, vehement die Validität derartiger Klimavoraussagen auf Basis von Klimamodellen. »Das sind doch auch alles nur Studien, genauso wie in der Medizin, und da müssen selbst im Bereich der Grundlagenforschung 50 Prozent der Studien nach einem Jahr zurückgezogen werden, weil sie widerlegt worden sind!«

Mein Einwand lautete: Die Klimamodelle seien etwas ganz Anderes, und mit Verlaub, viel Solideres, nämlich die Anwendung bekannter physikalischer Gesetze in Form von mathematischen Gleichungen. Diese würden mit Näherungsverfahren Simulationen klimarelevanter Prozesse auf der Erde ermöglichen.

Dies aber sei etwas völlig Anderes als mehr oder auch weniger valide medizinische Teststudien etwa zur Bestimmung von Nebenwirkungen eines Medikamentes.

Doch meine Argumente kamen bei meinem Medizinerkollegen einfach nicht an. Wir hätten unsere unfruchtbare Diskussion wohl noch lange fortgesetzt, wäre sie nicht plötzlich beendet worden von beißendem Brandgeruch und dem lauten Brutzeln und Zischen überkochender Milch. Wir hatten wieder mal alle Vorurteile gegenüber »zerstreuten Professoren« in Bezug auf lebensrelevante Aufgaben bestätigt und die Überwachung der Semmeln im Ofen und der Milch auf dem Herd völlig vergessen.

Mein Frühstücksgastgeber war zwar kein »Klimaleugner« – also jemand, der den vom Menschen verursachten Klimawandel schlicht leugnet, bezweifelt oder verharmlost. Das hätte er als engagierter Professor einer bekannten Universität kaum auf sich sitzen lassen. Denn die wenig schmeichelhafte Bezeichnung »Klimaleugner« gilt zumindest in gebildeteren, bürgerlichen Kreisen als Zeichen eines peinlichen Bildungsmangels. Aber als »Klimaskeptiker« hätte ich ihn wohl bezeichnen dürfen. Denn, so hätte er nach Erfahrungen aus ähnlichen Diskussionen mit ihm vermutlich geantwortet, skeptisch wird man doch wohl noch sein dürfen und den Kollegen nicht alles glauben müssen!

Ein Skeptiker allerdings ist ein Suchender nach Erkenntnis, kein Anhänger von Wunschvorstellungen oder politischer Ideologien. Aus diesem Grund hat die britische Tageszeitung The Guardian in ihrem Styleguide 2019 festgelegt, dass der Begriff »climate skeptic« generell durch den Begriff »climate denier« zu ersetzen ist.

Gegen Ausreden

Der in der Realität kaum mehr zu leugnende, für die Menschheit gefährliche Klimawandel und die weite mediale Verbreitung und Präsenz der Ergebnisse des IPCC führen zu einer aktuell viel wirksameren Strategie als die plumpe oder mit Scheinargumenten begründete Leugnung des Klimawandels, nämlich der Erfindung von Ausreden. Es sind »Ja, aber«-Ausreden, die (ja) die Existenz des menschgemachten Klimawandels nicht leugnen, (aber) begründen, warum man in der Klimakrise zunächst einmal nicht handeln muss oder nicht handeln kann.

Diese »Ja, aber«-Ausreden bestimmen heute überwiegend den klimakritischen gesellschaftlichen Diskurs, und sie lassen sich sehr viel einfacher generieren als Einwände gegen aufwändig gesicherte wissenschaftliche Ergebnisse. Im Zentrum dieser Ausreden steht die Frage der gesellschaftlichen Reaktion auf die Klimakrise: Wer, wann und wie? Ähnlich wie bei der pauschalen Klimawandelleugnung verbreiten sich auch hier Argumente oder Ausreden, die eines gemeinsam haben: Sie verzögern entschlossenes Handeln zur Reduzierung der Emission von Klimagasen.

Eine solche Verzögerung kann vor dem Hintergrund der wenigen Jahre, die uns für die Umsetzung einer weltweiten Klimastrategie noch zur Verfügung stehen, weit schlimmere Folgen haben als die primitive und unhaltbare Leugnung der Klimakrise. Denn die »Ja, aber«-Argumente enthalten alle ein Körnchen Wahrheit und werden vorwiegend von Menschen mit höherer Bildung, Politikern und Politikerinnen und Führungskräften aus der Wirtschaft, vorgebracht. Das macht diese Argumente so gefährlich, und daher halte ich es für notwendig, sich auf sie vorzubereiten.

Die erste Gruppe von Argumenten hat das Ziel, das Handeln für Klimaschutz auf andere zu verschieben. Sehr verbreitet ist darunter das Chinaargument: **»Wir in Deutschland tragen jährlich gerade einmal zwei Prozent zu den globalen Treibhausgasemissionen bei. Die Chinesen dagegen haben einen Anteil von rund 30 Prozent. Die müssen sich als Erste bewegen!«**

Zunächst: Diese Zahlen sind korrekt.[27] Auch die Berücksichtigung der »exportierten«, vor allem nach China verschobenen CO_2-Emissionen ändern sie im Falle von Deutschland nicht nennenswert.[28] Vor dem Hintergrund der langen Lebensdauer von CO_2 in der Atmosphäre von weit über 100 Jahren sollte man jedoch nicht ganz vergessen, welches Land welchen Anteil an den über die vergangenen 100 Jahre kumulierten globalen CO_2-Emissionen hat: Deutschland 5,6 Prozent und China 12 Prozent. Die Lösung der Klimakrise entscheidet sich letztlich auf internationalem Parkett, und dort ist Deutschland als Mitglied der EU und als deren größter Emittent von CO_2 (rund 25 Prozent) ein wichtiger Spieler.

Im Übrigen, was die Vernachlässigung kleiner Prozentbeiträge betrifft: Der Controller eines Unternehmens, der es bei ausreichender Liquidität und einer normalen Zinssituation für unwesentlich hält, jede Rechnung, wenn immer möglich, abzüglich der üblichen zwei oder gar drei Prozent Skonto zu zahlen (das habe ich tatsächlich erlebt!), hätte seine Glaubwürdigkeit und mein Vertrauen restlos verloren.

In gleicher Weise kann Deutschland, auch wenn sein Anteil an der globalen CO_2-Emission nur etwa zwei Prozent beträgt, als bedeutender Partner im Welthandel seine Glaubwürdigkeit in den internationalen Klimaverhandlungen nur erhalten, wenn es selbst seine klimapolitischen Hausaufgaben macht. Die deutsche Politik hätte dafür auch in einer Zeit, in der Klimaschutz wieder verstärkt in Frage gestellt wird, genügend Rückhalt. Dies bestätigt auch eine aus meiner Sicht eher konservativ geprägte Untersuchung nicht nur bei Fachleuten, sondern auch in der Bevölkerung: 55 Prozent der befragten Deutschen befürworten, dass Deutschland international beim Klimaschutz eine Vorreiterrolle einnehmen sollte.[29]

Sehr verbreitet ist das Argument der Überbevölkerung und des ungebrochenen Bevölkerungswachstums: **»Es gibt einfach zu viele Menschen auf der Welt. Wie können wir die Klimakrise in den Griff bekommen, wenn sich in Afrika die Bevölkerung bis zur Mitte des Jahrhunderts noch verdoppelt? Da muss etwas getan werden!«**

Ohne Zweifel ist das Bevölkerungswachstum in Afrika ein großes Problem, nicht nur für den Klimaschutz. Dieses Argument ist allerdings im Ländervergleich sachlich nicht haltbar, ethisch hochproblematisch und schlägt auf uns in den Industrieländern zurück: Denn ein in einem afrikanischen Entwicklungsland geborenes Kind verursacht einen CO_2-Fußabdruck von weniger als einem Zehntel des Fußabdrucks eines deutschen Kindes. Hat deshalb meine Tochter mit ihren drei wirklich gelungenen Kindern unter Klimagesichtspunkten unsozial und verantwortungslos gehandelt? Wenn ich diese Frage in Vorträgen gestellt habe, war die Reaktion meist ein verlegenes Lachen. Denn die Frage ist vergiftet, und dieses Gift verbreiten am Ende diejenigen, die mit dem Hinweis auf Bevölkerungswachstum die Verantwortung zur Begrenzung der Klimakrise auf in Armut lebende Familien in Afrika abschieben wollen.

Eine zweite sehr verbreitete Gruppe von »Ja, aber«-Argumenten setzt auf konsequente Optimierung des aktuellen wirtschaftlichen Systems mit massiv geförderten technischen Innovationen und von staatlichen Regulativen befreiten marktbasierten Anreizen:**»Die Klimakrise erfordert eine Offensive innovativer Technologien und mehr Marktwirtschaft! Natürliche Ressourcen mögen begrenzt sein, menschlicher Erfindergeist ist es nicht.«**

Dem menschlichen Erfindergeist kann und soll man keine Grenzen setzen, auch gegen den Markt als Mittel zur effizienten Verteilung gesellschaftlicher Ressourcen ist aus meiner Sicht nichts einzuwenden. Der Markt wird jedoch nur dann zum Wohl der Menschheit funktionieren, wenn die Kosten für den Verbrauch knapper natürlicher Ressourcen und für Umweltschäden zumindest in annähernd realistischer Höhe durch staatliche Vorgaben in Ansatz gebracht werden. Den markliberalen Verfechtern dieses »Ja, aber«-Arguments sollte man ganz im Sinne ihres eigenen Weltbildes deutlich machen, dass sie das extrem flexible, effiziente und damit nutzbringende System der Marktwirtschaft unter Wert verkaufen und auf diese Weise denjenigen politischen Kräften Auftrieb geben, die nicht ohne Grund argumentieren, das System der Marktwirtschaft, der »Kapitalismus«, sei maßgeblich für die Klimakrise verantwortlich.

Bruder im Geiste des markliberalen Denkens ist das feste Vertrauen in innovative Technologien als zentrale oder gar einzig mögliche Lösung der Klimakrise. Ich gebe zu: Auch ich habe großes Vertrauen und ein Faible für ressourcensparende, effiziente Technologien vor allem zur Nutzung erneuerbarer Energien. Der umfassende systemische technologische Wandel zur globalen Klimaneutralität innerhalb von 20 bis 30 Jahren ist jedoch ohne entschlossenes politisches Handeln nicht realisierbar. Insbesondere die Wirtschaft benötigt angesichts hoher Entwicklungskosten und umfangreicher Investitionen in neue Technologien langfristig verlässliche Rahmenbedingungen im Bereich der Ordnungs-, Steuer- und Förderpolitik. All dies kann die Politik in unserem demokratischen Rechtsstaat jedoch nur auf Grundlage eines soliden gesellschaftlichen Mandats für den Weg in die Klimaneutralität leisten.

Technologische Innovation allein kann also kein autonomer Treiber für eine klimaneutrale Zukunft sein. Wir, die Gesellschaft, müssen die technologischen Wege akzeptieren, sie konkret wollen und auch von der Politik einfordern.

Dies ist eine zentrale Botschaft des interdisziplinären, naturwissenschaftlichen und sozialwissenschaftlichen Teams des Exzellenzclusters Climate, Climate Change and Society (CLICCS) der Universität Hamburg.[30] Diese Botschaft und damit die Notwendigkeit, Sozialwissenschaften auf dem Weg zur Klimaneutralität einzubinden, wird nach meiner Erfahrung gerade bei wirtschaftsnahen, (oft) technologisch orientierten Führungskräften nicht besonders geschätzt. Der Grund dafür liegt wahrscheinlich nicht zuletzt in den unterschiedlichen Denk- und Lebenskulturen dieser Berufsgruppen.

Genau dies konnte ich selbst geradezu körperlich spüren, als ich lange Jahre nach meinem Studium in Hamburg als mittlerweile materiell erfolgsverwöhnter, konventionell gekleideter Ex-Industriephysiker zu einem Besuch einer Sprecherin des CLICCS die Gebäude der Sozialwissenschaftler betrat. Buntes Graffiti und Kritzeleien in den Gängen, insgesamt ein alles andere als »ordentliches« Ambiente erinnerten mich an die wilden, von radikalen K-Gruppen beherrschten 68er Jahre mit roten Fahnen, Bärten, Megaphonen und lauten, mit beißendem Roth-Händle-Qualm verrauchten Versammlungen. Wir als technikverliebte Experimentalphysiker, oft schon mit Karriereehrgeiz, hatten damals wenig Sinn für die Gedanken- und Lebenswelt der »chaotischen« Sozialwissenschaftler. Ein lebendiges Beispiel dafür waren zwei meiner Semesterkollegen, die unbedingt wissen wollten, warum ich nach der Mathematikvorlesung regelmäßig noch eine Vorlesung zur Philosophie des 19. Jahrhunderts besuchte – und das auch noch bei einem Theologen. Sie begleiteten mich also in die Vorlesung mit über 200 Hörern, holten dann aber nach zehn Minuten ihre Autozeitschriften heraus und waren in ihrem Urteil bestätigt, dass ich wohl nicht so ganz normal ticken könnte. Bei dieser Gelegenheit verpasste uns der Professor, der charismatische Helmut Thielicke, so nebenbei allerdings eine eindrucksvolle Lektion in Kommunikationstechnik. Denn nicht nur als Professor, sondern auch als bekannter Prediger in der Hamburger Michaeliskirche war er es gewohnt, Blickkontakt mit allen seinen Hörern zu halten, und dabei irritierte ihn das offensichtliche Desinteresse meiner Kollegen: »Meine Herren da oben in der letzten Reihe, entweder legen Sie ihre Zeitschriften weg, oder Sie verlassen meine Vorlesung!«

Die dritte Gruppe von »Ja, aber«-Argumenten stellt vor allem die Schwierigkeiten und Gefahren einer raschen Transformation zur nationalen und weltweiten Klimaneutralität heraus. Auch auf diese Weise werden wirksame Klimaschutzmaßnahmen halbherzig begonnen und vor allem verzögert. Das folgende Argumentationsmuster ist sehr verbreitet: »**Klimaschutz kann nur funktionieren, wenn unser Wohlstand dadurch nicht gefährdet wird.« Oder: »Arbeitsplätze dürfen nicht verloren gehen und Industrien nicht abwandern. Wir haben auch eine Verantwortung für den sozialen Frieden in diesem Land.«**

Die Forderung nach Erhaltung von Wohlstand, wie immer man ihn definiert, in diesem Zusammenhang und das in einem der reichsten Länder der Welt, mag ich hier nicht kommentieren. Wirklich problematisch ist: Bei diesen Argumenten wird die Alternativlosigkeit der Transformation zur Klimaneutralität bis spätestens zur Mitte des Jahrhunderts in fahrlässiger Weise ausgeblendet. Die radikale volkswirtschaftliche Transformation zur Klimaneutralität innerhalb von 20 bis 30 Jahren ist fraglos eines der schwierigsten Probleme, die man sich in der Politik vorstellen kann. Umso dringlicher wäre es Aufgabe führender Politiker und Politikerinnen, die bereits erarbeiteten wissenschaftlich fundierten Lösungswege (siehe Kapitel 3: Wir wissen, was zu tun ist) zu bewerten, sie den Bürgern und Bürgerinnen frühzeitig zu erklären und für den notwendigen, für uns alle nicht immer bequemen Strukturwandel zu werben. Klimaschutz hingegen ausschließlich als mühselig, einschränkend, kostspielig und soziale Gefahr darzustellen, ist schlicht verantwortungslos.

Wer sich nicht auf solche immer noch vergleichsweise differenzierten Argumente aus der Wirtschaftspolitik einlassen mag, liegt mit dem Rückzug auf Pragmatismus oder auf Allgemeinplätze des sogenannten gesunden (wenn auch sehr schlichten) Menschenverstandes nie ganz falsch: »**Das kann doch alles nicht von heute auf morgen geschehen!«**

Allerdings stößt diese immer wahre Aussage und unsere von politischen, sozialen und wirtschaftlichen Problemen gebremste Bereitschaft zu radikalem Klimaschutz gegen die unumstößliche Wand der Naturgesetze. Wir können es drehen und wenden, wie wir wollen: Die Natur ist und bleibt, salopp gesprochen, der Boss. Mit diesem Boss kann keiner verhandeln oder Deals abschließen.

Er agiert ähnlich wie Vertreter gewisser internationaler Kapitalanleger oder Investmentfonds: Er interessiert sich einfach nicht für den Erschöpfungszustand des Managements, die Verzweiflung der Entwickler oder das Wohlergehen der Mitarbeiter und leider auch überhaupt nicht für unseren Sozialstaat.

Und dieser Boss, Vorstandsvorsitzende oder wie auch immer, sagt uns ganz cool: »Entweder ihr löst das Problem und erreicht die Unternehmensziele, sprich, globale Klimaneutralität bis Mitte des Jahrhunderts, oder ihr könnt gehen.«

Mir persönlich klingen immer noch die je nach Situation bis auf den Gang hörbaren Worte des mitunter cholerischen Bereichsleiters bei meinem Münchener Arbeitgeber in den Ohren: »Ich will keine Probleme, ich will Lösungen! Wozu bezahl ich Sie denn?«

Für Mut statt Resignation

Die dritte Stufe hilfloser Reaktionen auf eine schlimme Nachricht bedeutet Resignieren – also den mühsamen Kampf um eine Lösung aufgeben. Auf die Klimakrise bezogen verbreitet sich diese Reaktion vor dem Hintergrund völlig unzureichender politischer Maßnahmen für globalen Klimaschutz in gefährlicher Weise. Ich hatte in dieser Hinsicht persönlich Glück: Mein berufliches Engagement für die Themen Solarenergie und Nachhaltigkeit ließ bei mir gar nicht erst den Gedanken aufkommen, die Menschheit könnte den Wettlauf gegen die Erderhitzung verlieren. Bis mich auf einer Strategietagung bei einer hitzigen Debatte über Klimaschutz einer meiner engsten Kollegen abends beim Bier mitleidig ansah und meinte: »Du bist doch verrückt. Sei mal realistisch: Der Klimawandel ist nicht mehr aufzuhalten. Genieß dein Leben und gib Ruh!«

Ich habe ihm diese Äußerung bis heute nicht verziehen, musste aber einsehen, dass er bei Weitem nicht allein stand mit seiner Meinung. Erst kürzlich meinte ein junger Arzt aus meiner Nachbarschaft bei einer Verkostung von delikatem Käse aus Frankreich mit einem vollen Glas Rotwein in der Hand ganz lässig: »Klimawandel? Das Thema ist durch!«

Solche unter dem Deckmantel des Realismus und der Lebensklugheit verbreitete Resignation beendet in ihrem Umfeld jegliches Handeln für Klimaschutz.

Als vermeintlich konstruktiver Beitrag bleibt sogenannten Realisten dann nur noch die Forderung nach Anpassung. Analog wird in Psychologie und Sozialwissenschaften von der Notwendigkeit zur Erhöhung der Resilienz, der psychischen Widerstandsfähigkeit der Menschen in Krisensituationen gesprochen. Die Forderung nach Anpassung an den Klimawandel ist jedoch in der aktuellen Klimakrise nichts anderes als ein Gemeinplatz, eine immer wahre Aussage – ebenso wie die erhöhte Resilienz. Denn solange der CO_2-Gehalt der Erdatmosphäre weiter wächst, ist Anpassung, zum Beispiel der Ausbau von Hochwasserschutz oder die Anpflanzung von hitze- und trockenresistenten Baumarten und Nutzpflanzen, ohnehin zwingend geboten. Anpassung ist eine allererste und notwendige Ergänzung, niemals jedoch eine Alternative zu aktivem Klimaschutz mit dem Ziel der globalen Klimaneutralität. Und eine solide psychische Widerstandsfähigkeit werden insbesondere die kommenden Generationen mit Blick auf die Klimakrise und die politischen und gesellschaftlichen Folgen wie zum Beispiel weiter anwachsende Ströme von Klimaflüchtlingen dringend brauchen.

In Psychologie, Psychiatrie und vielleicht auch Theologie ist man jedenfalls gut beraten, sich auf das, was der Klimawandel mit uns auch in Europa gesellschaftlich, politisch und nicht zuletzt psychisch macht, vorzubereiten und gründlich darüber nachzudenken.

Resignation im Kampf gegen den menschgemachten Klimawandel ist klimawissenschaftlich einfach nicht zu vertreten. Denn: Klimawandel ist kein digitaler Vorgang, keine Frage von ja oder nein, Erfolg oder Misserfolg. Vielmehr steigt mit wachsendem CO_2-Gehalt der Atmosphäre die globale Temperatur und der dadurch verursachte Schaden an unseren natürlichen Lebensgrundlagen. Der Weltklimarat fasst das folgendermaßen zusammen: »Jede noch so kleine Zunahme der globalen Erwärmung wird multiple und gleichzeitig auftretende Gefahren verstärkten.«[31] Es lohnt sich also, um jedes Zehntel Grad globaler Temperaturerhöhung zu kämpfen.

Resignation angesichts der Klimakrise ist letztlich eine sehr bequeme und dazu noch im wahrsten Sinne des Wortes brandgefährliche Ausrede, die bei breiter Akzeptanz den politischen Willen für Klimaschutz und damit die Wege zur Begrenzung der Erderhitzung endgültig verbauen kann.

Diese bequeme Resignation kann ich schon mit Blick auf meine eigene Familiengeschichte nicht ertragen. Wie viele Menschen, die in der Nachkriegszeit ihr Schicksal in die eigenen Hände genommen hatten, stand mein Vater mit Frau und Kindern als noch kleiner Unternehmer dreimal vor dem wirtschaftlichen Ruin.

Resignation allerdings war für ihn jedes Mal – schon aus Not und Pflicht zum Unterhalt seiner Familie und aus Verantwortung für seine Mitarbeiter – verboten. Er musste einfach technische, wirtschaftliche und unternehmerische Lösungen finden. Und er hat sie gefunden und hatte schließlich auch Erfolg als Unternehmer. Wie viel Kraft ihn das jedoch gekostet hat, habe ich erst Jahre später an seiner entsetzten Reaktion ablesen können, als ich ihm mitteilte, dass ich meine komfortable, gesicherte Position im öffentlichen Dienst aufgeben würde, um eine wirtschaftlich und technisch riskante Aufgabe in der freien Wirtschaft zu übernehmen.

Und damit komme ich zu meinem dritten Punkt, was jeder für eine erfolgreiche Klimawende tun kann.

Punkt 3: Sich selbst im Spiegel anschauen können

Wer selbst in Sachen Klimaschutz unterwegs ist und über das notwendige Wissen zu Klimawandel und Klimaschutz verfügt, wird über kurz oder lang nach seinem persönlichen Lebensstil befragt. Denn: »Wissen, das sich selber ernst nimmt, strebt nach einer Verringerung der Diskrepanz zwischen kritischem Denken und alltäglichem Handeln.«[32]

Bei diesem Thema reden dann viele erst einmal oft undifferenziert von Verzicht. Diese in ökologischen und gleichzeitig oft wohlhabenden Kreisen verbreitete Argumentation geht vielen auf die Nerven, ich gebe zu, auch mir. Klimaneutralität wird letztlich nicht ohne gezielte Konsumeinschränkungen funktionieren, und das bedeutet am Ende des Tages auch Verzicht. Aber deswegen muss ich noch lange nicht die Forderung nach Verzicht ständig vor mir hertragen, meinen Mitmenschen unangenehme Gefühle vermitteln und Klimaschutz als Erstes den ungeliebten Stempel Verzicht aufdrücken. Außerdem weiß ich sehr wohl: So viel verzichten, wie ich es im Sinne der Klimaneutralität eigentlich müsste, fällt mir selbst durchaus schwer, und es ist mir bislang noch nicht gelungen.

Ich weiß aber auch: Meine Fähigkeit zum Selbstbetrug und zur Doppelmoral wird jeden Tag geringer. Je mehr ich über den Klimawandel und seine Folgen weiß, umso deutlicher wird mir: Ich würde die Verwirklichung mancher Träume wie zum Beispiel nach einer großen flüsternden, elastischen Sechszylinderlimousine oder nach der Erkundung einsamer Pazifikinseln auf einer luxuriösen Segelyacht nach Anreise im bequemen Business-Class-Flug einfach nicht mehr ertragen können, auch wenn mir das Geld dafür geschenkt würde.

Wir wissen wahrscheinlich alle selbst am besten, was an unserem persönlichen Lebensstil klimaschädlich ist. Ich kann mich mit meinem Computer nachts heimlich einschließen, mit einem

Programm aus dem Internet meinen persönlichen CO_2-Fußabdruck bestimmen und dann überlegen, wie klimaschädlich mein Lebensstil ist und was ich besser machen kann. Dabei verrate ich gleich: Unter zehn Tonnen CO_2 pro Jahr wird es schwierig: alte Heizung, ungesunde fleischlastige, verschwenderische Ernährung, überflüssige Fahrten mit dem zu schweren und zu schnellen Auto, zu große Wohnflächen, die ganze Litanei.

Als engagierter Hobbykoch wage ich es, für gesunde, weniger fleischlastige, am besten vegetarische Ernährung aus regionalem, biologischem Anbau und einen bewussten Umgang mit Lebensmitteln und Resten zu werben. Auf diese Weise kann man sich mit der Reduktion des persönlichen CO_2-Fußabdrucks um etwa acht Prozent belohnen – ohne dass man dabei irgendwie ernsthaft von Verzicht reden müsste.

Nur Wohlgefühl zu verbreiten wäre allerdings auch unredlich. Denn ein Punkt lässt wirklich jede persönliche Klimabilanz regelrecht explodieren: das Fliegen, insbesondere auf Langstrecken. Und das liegt nicht nur an der damit verbundenen CO_2-Emission, sondern überwiegend an den Begleitschäden bei der Verbrennung von Kerosin in der sensiblen Atmosphäre in großen Flughöhen. Sie verdreifachen im Mittel etwa die Klimawirkung der reinen CO_2-Emission des Fluges.[33]

So verdoppelt ein Flug nach Sydney und zurück den mittleren Fußabdruck eines Deutschen mühelos von rund zehn Tonnen CO_2 um weitere zehn Tonnen CO_2-Äquivalent. Einmal nach New York und zurück, das sind rund ein Drittel der üblichen zehn Tonnen CO_2-Emission des einzelnen, nämlich drei Tonnen CO_2-Äquivalent. Und: Das gilt für Economy-Flüge. Bei einem Business-Class- oder gar First-Class-Ticket erhöhen sich diese Werte um einen Faktor von zwei bis drei.

Wer beruflich oder aus familiären Gründen keine Alternative zu Interkontinentalflügen hat, sollte den Schaden, den er dabei anrichtet, an anderer Stelle durch finanzielle Förderung von Projekten zur Vermeidung oder Reduzierung von CO_2-Emissionen oder durch natürliche Bindung von CO_2 kompensieren. Auch wenn das meist nur teilweise gelingt. Kompensationsprojekte werden aus wirtschaftlichen und sozialen Gründen oft in Entwicklungsländern realisiert: unter anderem die Nutzung erneuerbarer Energien zum Ersatz von Kohle und Holz, Erhöhung von Energieeffizienz, zum Beispiel mit hocheffizienten Kochherden zur Reduzierung von Feuerholznutzung und Entwaldung, Anpflanzung von Nahrungs- und Klimawäldern oder Wiedervernässung von Mooren. Seriöse Anbieter von Kompensationsprojekten weisen dabei stets darauf hin, dass die *Vermeidung* von CO_2-Emissionen immer Priorität vor Kompensation haben muss. Kompensation kann also kein Mittel zur ungebremsten Fortsetzung eines klimaschädlichen Lebensstils sein.

Die Kompensation von CO_2-Emissionen hat sich inzwischen zu einem begehrten Geschäftsmodell entwickelt, das jedoch von Missbrauch bedroht ist. Um dies zu verhindern, sollte man nur solche Kompensationsprojekte unterstützen, die Wege in eine globale Klimaneutralität fördern, aber keine Sackgassen verlängern. Der Markt für Kompensationsprojekte wird sich sehr wahrscheinlich weiterentwickeln. Wer plant, freiwillige Kompensationszahlungen zu leisten, kommt daher aus meiner Sicht nicht darum herum, sich auf den Internetseiten einer unabhängigen Institution (zum Beispiel dem Umweltbundesamt) über das komplexe Thema zu informieren, um ein für sich passendes und vor allem seriöses Angebot auswählen zu können. Wenn ich mir diese Mühe mache und vorher in meinem Umfeld CO_2-Emissionen so weit wie möglich vermeide oder reduziere, darf ich nach meinem Dafürhalten für mich in Anspruch nehmen, Kompensation nicht als Ablasshandel zu betreiben, wie häufig unterstellt wird. Vielmehr ist dann Kompensation letztlich ein Bekenntnis zu meiner eigenen Schuld, die ich als Mitglied in unserer globalen Gesellschaft nach reiflicher Überlegung nicht habe vermeiden wollen oder können.

Ein praktisches Beispiel: Der Linien-Economy-Flug Frankfurt–New York und zurück verteuert sich mit einer Kompensation bei dem Anbieter atmosfair um rund 90 Euro. Der dabei zugrunde gelegte CO_2-Preis von gut 30 Euro[34] ist jedoch bei Weitem zu gering.

Wenn ich mich auf diese Weise mit dem von mir höchstpersönlich verursachten und beim besten Willen in meiner aktuellen Lebenssituation nicht vermeidbaren Klimaschaden auseinandersetze, dann beginne ich vielleicht auch aus eigenem Antrieb damit, mein Verhalten zu verändern. Aus meiner Sicht entscheidend ist, dass ich mich mit meinem eigenen CO_2-Fussabdruck auseinandersetze, nicht mit dem meiner Mitbürgerinnen und Mitbürger, so groß der Zorn und der Ärger auf SUV-Besitzer, Grillfleischfetischisten oder Fernostvielflieger auch sein mögen. Denn: Vergleichen, Fingerzeigen, Besserwissen und Besserfühlen spalten unsere Gesellschaft eher, als dass es uns in der Klimakrise weiterbringt.

Wie tief und detailliert ich dann mein eigenes Konsumverhalten verändern will, muss ich selbst entscheiden. Die Details meines CO_2-Fußabdrucks zeigen mir den Weg. Entscheidend ist, dass ich mich selbst noch im Spiegel anschauen kann und ehrlich mit mir selber bin, auch in meinen Fehlern und Schwächen. Nur dann bin ich authentisch – und das ist eine Voraussetzung dafür, dass Menschen mir vertrauen und meine Botschaft in der Klimakrise ernst nehmen.

Für alle unter uns, die sichtbar in einer kleineren oder auch größeren Öffentlichkeit stehen, und die von dem Vertrauen leben, das ihnen von ihren Mitmenschen: Kolleginnen und Kollegen, Mitarbeiterinnen und Mitarbeitern oder Wählerinnen und Wählern entgegengebracht wird, besteht jedoch noch ein weitaus schwierigerer Maßstab als nur der persönliche Lebensstil. Es geht dabei um Entscheidungen, die gefällt werden, und um das Umfeld, für das man Verantwortung trägt. Für Politiker gehört es zum täglichen harten Brot, für Dinge in ihrem Wirkungsbereich verantwortlich gemacht zu werden, die zu ihren politischen Forderungen im Widerspruch stehen.

Auch ich musste mich daran gewöhnen, als bekennender Verfechter der Energiewende für den desolaten energietechnischen Zustand unserer Hochschule zur Rechenschaft gezogen zu werden – oder für die absurd verschwenderische Beleuchtungsvielfalt in einem weithin sichtbaren Hochschulgebäude in der Lokalpresse mit der Überschrift »Achims Lampenladen« verspottet zu werden. Damit konnte ich leben, wenn auch mit innerem Groll auf die Verursacher vor meiner Amtszeit, denn ich hatte vieles vergeblich unternommen, um die Zustände zu ändern.

Was ich mir allerdings bis heute nicht verziehen habe, war mein persönliches Verhalten bei einer hochoffiziellen Feier mit über 400 Gästen und hochkarätiger Bewirtung zur Einweihung des Forschungszentrums eines großen, renommierten Familienunternehmens der Region. Der in der regionalen Industrielandschaft einflussreiche Seniorchef, der sich auch um die Hochschule verdient gemacht hatte, hielt dabei eine lange, flammende Rede, in der er mit unsäglichen Argumenten den anthropogenen Klimawandel leugnete und seine Gäste von seiner Sichtweise, für die er sich auf seinen Forschungsleiter berief, zu überzeugen versuchte. Ich war entsetzt. Eine angemessene Reaktion, die ich als in der Region bekannter Hochschulrepräsentant hätte zeigen können, wäre es gewesen, aufzustehen und am Rednerpult vorbei, also für alle Gäste sichtbar, den Saal zu verlassen. Die Botschaft wäre von den meisten Anwesenden verstanden worden.

Aber ich blieb sitzen. Ich redete mir ein, ich müsste als oberster Repräsentant meiner Hochschule hier Disziplin und Anstand wahren. Im Grunde aber war es Feigheit – und diffuse Bedenken vor einem Tief in den Beziehungen zur lokalen Industrie- und Handelskammer und natürlich keine Lust auf einen Rüffel von meinem Aufsichtsrat.

Ich hätte am gleichen Tag keinen Vortrag über Klimaschutz halten können, und auch den Spiegel im Bad habe ich am nächsten Morgen eher gemieden. Ich hatte, so empfand ich es, meine Authentizität als Klimabotschafter an diesem Tag verloren. Diese persönliche Authentizität jedoch ist eine ganz zentrale Voraussetzung für den folgenden vierten und wichtigsten Punkt:

Punkt 4: Über den Klimawandel sprechen

Klimawandel, was kann *ich* tun? Das Dringendste: den gesellschaftlichen und damit politischen Willen für wirksamen Klimaschutz stärken! Was kann ich dazu beitragen? Ich muss über den Klimawandel sprechen. Aber: Wer es je versucht hat, weiß, wie schwierig es ist. Je überzeugter, verbissener und verzweifelter die Versuche werden, Verwandte, Freunde, Nachbarn oder Kollegen vom Ernst der Klimakrise zu überzeugen, umso mehr wird man zur Nervensäge, zum zuverlässigen Schlechte-Stimmung-Generator. Und man darf sich am Ende nicht wundern, dass der eine oder andere ganz froh ist, wenn man bei einem Treffen nicht dabei ist und »nicht schon wieder davon anfängt«. Also, lieber gleich auf die andere Straßenseite gehen, angestrengt auf die Uhr schauen und am besten schnell in der nächsten S-Bahn verschwinden, wenn der Bubenzer auftaucht und wieder mit seinem Klimathema anfängt!

Aber warum ist das so? Ich kann doch auch sonst über schwierige Dinge – die EU-Politik, das Migrationsproblem, Plastik im Meer oder erneuerbare Energien – diskutieren, ohne dass gleich komplett die Stimmung kippt. Klimawandel ist mal wieder anders: 73 Prozent der Befragten in Deutschland[35] antworten, dass die Folgen des Klimawandels sie ganz persönlich betreffen, nämlich ihrer Gesundheit stark oder äußerst stark schaden könnten.

Bewusst oder unbewusst nimmt also fast jeder diese persönliche Bedrohung wahr. Dabei weiß oder ahnt ebenso fast jeder, dass unser Lebensstil diese Bedrohung mitverursacht hat. Und wenn ich den Klimawandel ganz bewusst als existenzielle Gefahr für mich und die Welt erkenne, machen große Autos, aufwändige Fernreisen, Kreuzfahrten oder saftige Rindersteaks einfach keinen richtigen Spaß mehr. Verbreite ich dann noch meine Erkenntnisse oder Ängste angesichts der Klimakrise in meinem gewachsenen sozialen Umfeld und wird mir dabei Unverständnis, Kopfschütteln oder im besten Fall Gleichgültigkeit entgegengebracht, kommt am Ende noch die Angst vor sozialer Isolation hinzu.

Es ist also durchaus nachvollziehbar, dass viele Menschen sich diesen unangenehmen Widersprüchen zu etablierten Überzeugungen und Gewohnheiten und zum gewachsenen sozialen Umfeld entziehen möchten. Und das bedeutet: Meine Klimabotschaft erreicht das Bewusstsein und vor allem das Herz meiner Gesprächspartner einfach nicht. Dieses Verhalten ist umso ausgeprägter, je stärker meine Klimabotschaft im Widerspruch zu den politischen oder gesellschaftlichen Grundüberzeugungen, Werten und persönlichen Vorlieben meiner Gesprächspartnerin oder meines Gesprächspartners und dessen sozialem Umfeld steht.

Ein klassisches Beispiel für eine solche Situation ist das Gespräch mit überzeugten Wirtschaftsliberalen. Wenn ich Anhänger einer freien Marktwirtschaft bin, am besten ohne jede staatliche Regulierung, entsteht durch den Klimawandel ein unangenehmer Widerspruch. Denn die Akzeptanz eines existenziell bedrohlichen Klimawandels erfordert rasche Gegenmaßnahmen, die zwingend stärkere staatliche Reglementierung der Wirtschaft oder gar Forderungen nach alternativen Wirtschaftsmodellen nach sich ziehen müssten. Das aber würde nicht nur grundlegend meinen eigenen, sondern auch den wirtschaftlichen und gesellschaftlichen Überzeugungen und Interessen meines persönlichen Umfelds im Unternehmen, im Freundeskreis oder Vereinen widersprechen. Die Angst, aus meinen gewachsenen Netzwerken ausgegrenzt zu werden, ist real und unangenehm.

Wer, um solche inneren oder äußeren Widersprüche zu vermeiden, den menschengemachten Klimawandel ignoriert, verdrängt oder leugnet, hat dennoch häufiger zumindest in Ansätzen verstanden, was die Klimakrise für die eigene Person und ihr soziales Umfeld bedeuten könnte.

Oft genug ist ein Gesprächspartner aber gar nicht bereit, die Klimakrise überhaupt wahrzunehmen. Einer der intelligentesten meiner ehemaligen Studienkollegen, ein mittlerweile erfolgreicher Start-up-Unternehmer, entgegnete mir in einem ersten Gespräch, in dem ich ihm die Brisanz der Klimakrise nahebringen wollte, das Problem sei ihm zu komplex und zu vielschichtig, da wisse man ja gar nicht, wo überhaupt anfangen. Für so etwas habe er als Unternehmer einfach keine Zeit.

Im Grunde war das eine aus seiner Sicht gesunde Reaktion. Denn die Erfahrung lehrt, uns angesichts vieler drängender Aufgaben und Herausforderungen im beruflichen und persönlichen Alltag auf keinen Fall zu verzetteln. Erfolgreich wird meist, wer sich auf eine oder wenige Aufgaben oder Themen im Leben konzentriert. Da bleibt allenfalls noch die Frage der Ausgewogenheit von Familie, Beruf und nach dem Erhalt der eigenen Leistungsfähigkeit. Folglich lassen viele Menschen nur ein thematisch und inhaltlich begrenztes Wahrnehmungsfenster zu, durch das sie Informationen einlassen – Informationen, die dann sortiert, interpretiert und bevorzugt wahrgenommen werden. Nur Informationen, die durch diesen Filter eintreten können, werden am Ende mit Emotionen belegt und motivieren zum Handeln. Ob es berufliche Themen sind oder die finanzielle und innere Sicherheit für die Familie, ob Gesundheit, Urlaub oder Kultur, es wird meist alles noch gesiebt nach den jeweiligen eigenen Werten und Überzeugungen wie persönliche und familiäre Partnerschaft, Wirtschaftlichkeit, soziale Gerechtigkeit, Liebe zur Natur oder religiöse Überzeugungen.

Unglücklicherweise versuchen Klimawissenschaftlerinnen und Klimawissenschaftler, Umweltaktivistinnen und Umweltaktivisten, ich nehme mich da selbst nicht aus, seit über zwei Jahrzehnten das Problem des vom Menschen verursachten Klimawandels mit immer mehr, immer aktuelleren, immer komplexeren Fakten und Prognosen möglichst umfassend zu kommunizieren. Dabei sind wir mit Recht ganz und gar überzeugt von der historischen Bedeutung, der Brisanz und Dringlichkeit unserer Botschaft. Dennoch verstehen uns viele Menschen einfach nicht. Warum ist das so?

Weil wir traditionell fast ausschließlich Menschen ansprechen, deren Wahrnehmungsfenster und deren Denken und Handeln für die Themen Wissenschaft, Ökologie und Umwelt schon offen und mit positiven Emotionen belegt ist. An allen anderen reden wir buchstäblich vorbei. Dazu kommt, dass für viele unserer Mitbürgerinnen und Mitbürger die Themen Ökologie und Umwelt, ganz zu schweigen von Klimawissenschaft und Klimakrise, inzwischen alles andere als positiv belegt sind. Allzu oft stehen Ökologie und Umwelt inzwischen vor allem für eins: Verzicht und Verbote.

Ich halte das zwar für eine völlig verzerrte, von bestimmten Interessengruppen gezielt verbreitete Sicht der Dinge, aber sie lässt sich so schnell nicht korrigieren. Und »Wissenschaft« – am Ende noch mit viel Mathematik und Physik – versteht aus Sicht vieler ohnehin keiner. Wo doch selbst ein angesehener und intelligenter ehemaliger Bundeskanzler einst damit kokettierte, er kapiere seine Stromrechnung nicht.[36] Man muss sich also kaum wundern, dass die traditionell praktizierte Form der Kommunikation der Klimakrise als Thema aus Ökologie, Umwelt und Wissenschaft mit viel Zahlen und Physik zu wenig gesellschaftlich-politisches Bewusstsein für einen wirklich entschlossenen Klimaschutz entwickelt hat.

Diese Form der Kommunikation war ein Kardinalfehler der gesamten »grünen« Umwelt- und Klimaszene, und er wäre mit einer anderen Kommunikationsstrategie aus meiner Sicht vermeidbar gewesen. Denn: Die Folgen des menschengemachten

Klimawandels treffen praktisch *alle* Bereiche der menschlichen Gesellschaft und damit *jeden* denkbaren Wahrnehmungsrahmen von Gesprächspartnern.

So kann ich zum Beispiel jedem, dem Finanzmärkte und Geldanlagen wichtig sind, erklären, was es bedeutet, wenn sich die Politik national und international zunehmend einig wird, dass die noch verfügbaren fossilen Energieträger Öl, Gas und Kohle vor dem Hintergrund der notwendigen Klimaneutralität weitgehend im Boden bleiben müssen: Die Aktien der Öl-, Gas- und Kohleunternehmen werden über kurz oder lang massiv an Wert verlieren. Das Gleiche ist für den ganzen Bereich der stark von der Nutzung fossiler Energieträger abhängigen Unternehmen zu erwarten, wenn sie sich nicht rechtzeitig auf klimaneutrale Produkte umstellen. Argumente aus erster Hand liefert dazu Larry Fink, Gründer, Aufsichtsrats- und Vorstandsvorsitzender des weltgrößten Vermögensverwalters BlackRock in seinem Letter to CEOs für 2020.[37] Er stellt in diesem Brief den Klimawandel in den Mittelpunkt und macht unmissverständlich klar, dass Klimarisiken Investmentrisiken sind.

Ich glaube zwar, dass Larry Fink dabei vor allem »aus dem Fenster geredet« hat und BlackRock keineswegs zu einem klimaschützenden Unternehmen geworden ist. Aber immerhin: Er hatte als Finanzinvestor offenbar gute Gründe, vor den von seinen Investitionen abhängigen Unternehmen öffentlich über den Klimawandel in dieser teilweise drohenden Weise zu sprechen.

Und wem das Flüchtlingsproblem in gefühlter Verbindung mit dem Thema innere Sicherheit Angst macht, muss klar sein, dass aufgrund der Erderhitzung vor allem Teile Afrikas unfruchtbar und unbewohnbar werden. Dazu kann ich nur einen Kommentar von Kumi Naidoo, dem bekannten afrikanischen Menschenrechts- und Umweltaktivisten, weitergeben. Bei einem zufälligen Gespräch auf einem Workshop vor einigen Jahren sagte er mir in seinem schönen, südafrikanisch gefärbten

Englisch: »You know, the refugee problem, which you are having right now, is like a Sunday morning picknick in comparison to what you are going to have in 20 years from now."[38]

Der bitterböse ironische Vergleich mit dem Sonntagspicknick hat mich aus seinem berufenen Munde sehr bewegt. Und seine Worte haben mir, der ich das Thema seinerzeit noch gar nicht so recht auf dem Schirm hatte, das Problem plastisch dargestellt und mich ein für alle Mal dafür sensibilisiert.

Erderhitzung und Klimawandel sind zwar primär immer noch ein ökologisches Problem, ein Umweltproblem. Ihre Auswirkungen sind jedoch in fast allen Lebensbereichen – Wirtschaft, Finanzen, Flüchtlinge und Gesundheit, ebenso Land- und Forstwirtschaft, Soziales oder internationale Politik – grundlegend und einschneidend. Wenn ich einen Menschen für Klimaschutz gewinnen will, ist es daher meist viel wirksamer, die Klimafolgen nur in dem Lebensbereich darzustellen, für den er offen ist und Interesse zeigt, statt die ganze unbeliebte, abstrakt-wissenschaftliche und ökologische Thematik über ihn auszuschütten.

Unter Kommunikationsexperten wird dieses Vorgehen als »Framing« (von englisch frame für Rahmen) bezeichnet, in Anlehnung an den Wahrnehmungsrahmen eines Menschen. Das Thema ist jedoch komplex und erfordert vor allem einen differenzierten Umgang mit Sprache, zum Beispiel mit politisch besetzten Begriffen. Einen gut lesbaren Einstieg in dieses für das Reden über den Klimawandel zentrale Thema am konkreten Beispiel der Politik gibt Elisabeth Wehling in ihrem Buch »Politisches Framing«.[39] Wer es lieber altsprachlich mag, kann sich das Stichwort *pars pro toto* merken: Ganz gleich, durch welchen Wahrnehmungsrahmen ich schaue, die Folgen des Klimawandels in jedem einzelnen Lebensbereich stehen letztlich für den Klimawandel als Ganzes.

Aber es ist nicht nur ein von beruflichen oder privaten Interessen aufgespannter Wahrnehmungsrahmen, durch den sich der Klimawandel kommunizieren lässt. Es sind häufig auch ganz persönliche Schlüsselerlebnisse und Erfahrungen, mit denen der Klimawandel jeden in besonderer Weise berühren kann. Irgendwann kommt für mich *der* Punkt, *das* Thema, wo ich nicht mehr wegschauen kann.

So ging es mir, als ich unserem kleinen Sohn erstmals ganz bewusst beim Spielen zusah, oder als ich erstmals unsere kleine Enkelin auf dem Arm hatte: Wie würde es ihnen in 30 Jahren gehen? Genauso berührten mich auf einer Bahnfahrt in die Welt meiner Kindheit die vielen Hänge grauer, abgestorbener Fichten entlang des Siegtals. Sie hatten den Trockenstress der letzten Jahre irgendwann nicht mehr aushalten können.

Vor Kurzem erwischte mich der Klimawandel noch an einer ganz anderen empfindlichen Stelle – und zwar, als ich erstmals erfuhr, dass auftauende Permafrostböden, die ich bislang klimaphysikalisch nur als gefährliche Quelle des hochwirksamen Klimagases Methan angesehen hatte, über Jahrtausende eingefrorene Viren und Bakterien freisetzen, die in Labors wiederbelebt werden konnten.[40] Darunter könnten unter Umständen Krankheitserreger sein, gegen die wir Menschen keine Abwehrkräfte besitzen. Ganz gleich, wie unwahrscheinlich eine solche Gefahr nach Einschätzung der Wissenschaftler sein mag, ich bin, wie viele Menschen, die seit der Coronapandemie Angst vor Infektionskrankheiten haben, zutiefst erschrocken, und das vor einem Phänomen, das ich sonst allenfalls unter der Rubrik Fantasy à la Jurassic Park abgebucht hätte.

Es gilt also, genau herauszufinden, auf welchem Gebiet, mit welchen Stichworten, mit welchen Beispielen oder Erlebnissen ich einen Menschen ansprechen kann, wenn ich über den Klimawandel reden möchte.

Über den Klimawandel sprechen und Menschen für Klimaschutz gewinnen heißt zu allererst, den Gesprächspartner, die Gesprächspartnerin kennenlernen: ihre Lebenssituationen, ihre Werte, ihre Überzeugungen. Die Kommunikationsexperten

Pörksen und Schulz von Thun bringen es als allgemeine Regel des Miteinander-Redens auf den Punkt: »Nicht das Widerlegen ist das erste Ziel des Miteinander-Redens, sondern das Erkennen des Anderen in seiner Andersartigkeit und vielleicht auch Fremdheit.«[41]

Wir, die »grünen« Umwelt- und Klimaaktivistinnen und Aktivisten, waren allerdings so mit Widerlegen, Belehren und Rechthaben beschäftigt, dass wir 30 Jahre lang vergessen haben, unsere Mitbürgerinnen und Mitbürger mit echter Empathie und Neugier anzuschauen und ihnen vor allem erst einmal zuzuhören, bevor wir mit ihnen über den Klimawandel sprechen.

Über den Klimawandel sprechen, den Klimawandel erklären, für Klimaschutz werben – in einem Wort: Klimakommunikation – ist die Grundlage für den gesellschaftlichen Konsens und den politischen Willen, den wir brauchen, um Deutschland im Umfeld der Europäischen Union und der Weltgemeinschaft klimaneutral aufzustellen. Zum Glück hat sich Klimakommunikation in den vergangenen zehn Jahren aus der klassisch naturwissenschaftlichen Wissenschaftskommunikation heraus emanzipiert. Sie ist kommunikationswissenschaftlich, psychologisch, gesellschaftlich auf eine wohltuend praxisnahe Weise professionell geworden. Für mich das beste Beispiel dafür ist das umfassende Werk von Christopher Schrader: »Über Klima sprechen. Das Handbuch.«[42] Es kommt aus einem guten Stall, dem Internetportal www.klimafakten.de. Und der hat auch dafür gesorgt, dass die über 400 Seiten mit allen Übungen und Beispielen im Internet frei verfügbar sind und kostenlos heruntergeladen werden können. Und wer Zeit und Lust hat, kann mit diesem Handbuch lernen, wie man über den Klimawandel reden kann – ohne bei Verwandten, oder im Freundes-, und Kollegenkreis zum lästigen Besserwisser, Katastrophenapostel und Schreckgespenst zu werden.

Kapitel 3
Wir wissen, was zu tun ist

Wirklich? – Und das alles mit Sonne und Wind?

Na, klar, wir müssen endlich wegkommen von der Droge der fossilen Energieträger! Wir müssen endlich einen Knoten in den Schlauch an der Tankstelle machen und den Scheichs den Geldhahn abdrehen. Die Sonne schickt schließlich keine Rechnung. – Das war das Credo, wie in der Kirche, besonders für mich als Manager in einem Photovoltaik-Tochterunternehmen zweier großer europäischer Konzerne.

Und diese Botschaft habe ich auch tapfer verbreitet, an die Vorstände im Unternehmen, an Politiker, an Zuhörer und Zuhörerinnen in vielen Vorträgen. Nur – ganz ehrlich, geglaubt habe ich es selbst im Grunde nicht so recht. Warum?

In den 80er Jahren produzierten wir mit saurem Schweiß Photovoltaikmodule mit einer Leistung von ein paar oder später bis zu 30 Watt. In Veranstaltungen mit Stromversorgern und Kernenergielobbyisten mit ihren 1200-Megawatt-Kraftwerken durfte ich mir anhören, unsere Technik sei doch etwas für die Puppenstube. Das saß und war schwer zu ertragen, denn die elektrische Leistung unserer Module reichte damals tatsächlich allenfalls zur Stromversorgung von Taschenrechnern, Uhren oder zur Standbelüftung von Pkws. Zumindest die Sinnhaftigkeit der letzteren Anwendung wurde mir schlagartig klar, als ich an einem lauen Hochsommerabend mein Auto an einem einsamen Waldparkplatz abgestellt hatte und endlich den Tagesstress beim Joggen abarbeiten wollte. Leider hatten sich an meinen unter der Heckklappe liegenden neuen, superleichten und superteuren

Laufschuhen in der Hitze des Tages die Sohlen abgelöst. Wütend presste ich sie wieder an – und tatsächlich hielt dann auch der abgekühlte Kleber, und ich konnte loslaufen.

Einige Trainingstage später konnte ich allerdings nur noch vom Parkplatz ins Büro humpeln, weil ich meine Knie mit den im Zorn schief verklebten Sohlen beim Laufen völlig überlastet hatte und ich mir zu allem Überfluss von meinem Chef anhören musste, ich solle doch endlich akzeptieren, dass auch ich älter würde.

Den technologischen Nutzen und großen Spaß hatte dann am Ende nur unser technikvernarrter Seniorchef, der sich bei uns für seinen 300-PS-12-Zylinder-BMW ein Solardach zur Standbelüftung maßschneidern ließ. Allerdings legte er damit und mit den nachfolgenden unvermeidlichen Reklamationen an dem kaum getesteten Prototyp unsere Systementwickler für Wochen lahm.

Auch wohlwollende Menschen machten meinen Zustand damals mitunter nicht besser. So meinte ein sehr guter Physikerfreund, dem ich meine Zweifel bei einem Glas Rotwein am späten Abend einer Konferenz in Madrid anvertraute, ganz liebevoll: »Photovoltaik, ach, das ist doch ein schöner bunter Drachen der Hoffnung.«

Apropos Drachen und Wind: Die Windkraftanlagen, die in der Nachbarabteilung entwickelt wurden, machten mir leider genauso wenig Freude. Die technischen Probleme des recht eigenwillig entwickelten einflügeligen Windgenerators mit dem schönen Namen Monopteros sorgten zuverlässig für Schlechte-Laune-Anfälle auf der Chefetage. Als ich dann schließlich bei einer Urlaubsreise in den heimischen Norden die berühmte 3-Megawatt-Großwindanlage mit dem schrecklichen Namen GROWIAN besichtigte, stand sie trotz lebhaftem Wind still. Und nicht nur das, es war für Besucher ein offizielles Schild angebracht, auf dem jeder lesen konnte: »Wenn die Großwindanlage stillsteht, kann das folgende Gründe haben: …«

Und es gab viele Gründe. Wie ich später erfuhr, erreichte der GROWIAN nie seine Nennleistung und lief zwischen 1983 und bis zu seinem Abriss 1988 nur 142 Stunden im Testbetrieb. Er hatte seine, wie ich vermute, heimliche Aufgabe, nämlich möglichst viele Menschen von der Sinnlosigkeit regenerativer Stromerzeugung zu überzeugen, leider damals auch bei mir ganz versteckt in meinem Inneren erreicht.

Gott sei Dank kam alles dann ganz anders: 35 Jahre später sollten alle erneuerbaren Energien, Wind und Photovoltaik vorneweg, über die Hälfte unseres Stroms in Deutschland liefern – kein Ergebnis eines innovativen Durchbruchs oder eines auf wundersame Weise geplatzten Knopfs, sondern der Lohn eines hart erkämpften politischen Willens und zäher wissenschaftlich-technischer Entwicklung.

Die Staaten unserer Welt sind sich einig

Ein anderer noch wichtigerer Knopf ist dann auch noch geplatzt, und zwar auf der 21. UN-Klimakonferenz (Conference of the Parties, COP21) in Paris 2015. Die Gemeinschaft aller 195 Staaten dieser Welt, der Mitglieder der Vereinten Nationen, beschloss dort, und zwar einstimmig, eine Grenze für die globale Erderwärmung einzuhalten: Die Erderwärmung soll auf deutlich unter 2 Grad, vorzugsweise 1,5 Grad begrenzt werden.

Das bedeutet klimaphysikalisch, dass global nur noch eine begrenzte Menge an Treibhausgasen, ein sogenanntes Restbudget, in die Atmosphäre emittiert werden darf. Dieses Restbudget an Treibhausgasen darf global nicht überschritten werden. Welches Stück aus dem Kuchen sich jeder Staat als nationales Restbudget herausschneiden darf, ist eine brisante politische Frage. Sie hat viele Facetten: wirtschaftliche, ökologische, diplomatische, machtpolitische, ethische, historische, soziologische, völkerrechtliche. Allerdings lässt sich eine andere Lösung als eine Pro-Kopf-Aufteilung unter dem Gesichtspunkt der Klimagerechtigkeit in einer erfolgreichen internationalen Klimadiplomatie nur schwer vertreten. Diese Ansicht wird gestützt unter anderem vom Wissenschaftlichen Beirat der Bundesregierung Globale Umweltveränderungen (WBGU) als offiziellem Beratergremium der Bundesregierung.[1] Die bevölkerungsreichen Staaten in Afrika und Asien profitieren einerseits von einem solchen Verteilschlüssel. Andererseits wird damit die große Ungleichverteilung der kumulierten historischen CO_2-Emissionen zugunsten der alten Industriestaaten zum Zeitpunkt der Pariser Klimakonferenz de facto auf null gesetzt.

Nachhilfe vom Bundesverfassungsgericht

Die Verpflichtung zur Einhaltung des nationalen CO_2-Budgets ist eine sehr harte Randbedingung bei der Gestaltung der nationalen Klimapolitik. Denn eine Energie-, Wirtschafts- und vor allem Verkehrspolitik ohne wesentliche Änderungen nach dem Grundsatz »Business as usual« wird dazu führen, dass Deutschland etwa gegen 2030 sein nationales CO_2-Budget aufgebraucht hat.

Unser Land müsste dann theoretisch jegliche Emission von Klimagasen einstellen und de facto eine wirtschaftliche Vollbremsung durchführen – eine absurde Vorstellung, die in wirtschaftsnahen Kreisen mitunter dafür herhalten muss, das Konzept eines nationalen Restbudgets auf der Grundlage eines Pro-Kopf-Verteilschlüssels als völlig unrealistisch und abwegig abzulehnen.

Aber auch unabhängig vom Schlüssel zur Verteilung des globalen Restbudgets auf die Staaten der Welt ist ein auch nur annähernd realistischer Übergang zur globalen Klimaneutralität bis zur Mitte des Jahrhunderts nur möglich, wenn ab sofort entschlossen alle verfügbaren Maßnahmen zur Begrenzung vor allem der CO_2-Emissionen und zur Erhaltung der CO_2-Senken eingeleitet werden. Jedes Jahr ohne Reduktion der Emission von Treibhausgasen und vor allem ohne eine konsequente völkerrechtliche und diplomatische Strategie für diese gesamtwirtschaftliche Transformation geht zu Lasten des begrenzten CO_2-Budgets. Jeder Monat der Untätigkeit und des »Business as usual« lässt die CO_2-Deponie weiter volllaufen, erschwert und verteuert die Transformation in Richtung klimaneutrales Wirtschaften. Die Bremsspuren für Wirtschaft, Gesellschaft und die Schäden für die Umwelt werden durch jeden Zeitverlust gravierender.

Vor allem junge Menschen sahen und sehen sich in dieser Lage von der aus ihrer Sicht in Sachen Klimawandel weitgehend untätigen älteren Generation um ihre ganz persönliche Zukunft betrogen.

Mehrere Gruppen, eine davon aus dem Umfeld der Fridays-for-Future-Bewegung, haben daher nach umfangreicher juristischer Vorarbeit beschlossen, ihr Recht auf Zukunft vor Gericht zu erstreiten. Sie haben beim Bundesverfassungsgericht gegen das zum Klagezeitpunkt (2019) gültige Klimaschutzgesetz (KSG) eine Verfassungsbeschwerde eingereicht. Aus Sicht der Kläger hat das KSG ihre Freiheitsrechte aus Artikel 2 Absatz 2 des Grundgesetzes verletzt. Denn aus ihrer Sicht waren dessen Vorschriften unzureichend, um den nationalen Beitrag zum Klimaschutz im Rahmen des für die deutsche Regierung verbindlichen Pariser Klimavertrages zu sichern.

Entscheidend für die Auslegung von Artikel 2 Absatz 2 des Grundgesetzes im Sinne der Kläger ist der Artikel 20a des Grundgesetzes mit der Kernaussage: »Der Staat schützt auch in Verantwortung für die künftigen Generationen die natürlichen Lebensgrundlagen und die Tiere im Rahmen der verfassungsmäßigen Ordnung durch die Gesetzgebung und nach Maßgabe von Gesetz und Recht durch die vollziehende Gewalt und die Rechtsprechung.«[2]

Das Gericht hat in seinem Urteil vom 24. März 2021 in entscheidenden Punkten im Sinne vor allem der jungen Kläger aus dem Umfeld der Fridays-for-Future-Bewegung entschieden.[3] Gleichzeitig erkannte das Gericht dabei das »Paris-Ziel« (ich persönlich bevorzuge den Begriff der »Paris-Grenzen«) als Standard für den Klimaschutz an, ebenso wie das Konzept des nationalen CO_2-Restbudgets, das aus dem globalen Restbudget nach dem Pro-Kopf-Anteil an der Weltbevölkerung abgeleitet wurde.

Im Urteil des Gerichts findet sich letztlich der Kern des Leitbildes nachhaltiger Entwicklung, nämlich die Generationengerechtigkeit, auch wenn dieser Begriff vom Gericht nicht konkret verwendet, jedoch klar beschrieben wird. Denn: Laut dem Urteil des Gerichtes werden Grundrechte dadurch verletzt, dass mit den Regelungen des KSG die in den Jahren *bis* 2030 zugelassenen Emissionen die *nach* 2030 verbleibenden Emissionsmöglichkeiten erheblich reduzieren. Wörtlich führt das Gericht dazu in seiner Pressemitteilung aus: »Vorschriften, die jetzt (zu hohe) CO_2-Emissionen zulassen, begründen eine unumkehrbar angelegte Gefährdung künftiger Freiheit, weil sich mit jeder CO_2-Emissionsmenge, die heute zugelassen wird, die in Einklang mit Art. 20a GG verbleibenden Emissionsmöglichkeiten verringern; entsprechend wird CO_2-relevanter Freiheitsgebrauch immer stärkeren, auch verfassungsrechtlich gebotenen Restriktionen ausgesetzt sein.«

Das Gericht hat dabei deutlich erkannt, dass ein umfangreicher Verbrauch des CO_2-Restbudgets schon in den kommenden Jahren bis 2030, in den Worten des Gerichts, »das Risiko schwerwiegender Freiheitseinbußen verschärft, weil damit die Zeitspanne für technische und soziale Entwicklungen knapper wird, mit deren Hilfe die Umstellung von der heute noch umfassend mit CO_2-Emissionen verbundenen Lebensweise auf klimaneutrale Verhaltensweisen freiheitschonend vollzogen werden könnte.«

Mit dieser Argumentation hat das Bundesverfassungsgericht der Verfassungsbeschwerde gegen das KSG vom Dezember 2019 in wesentlichen Teilen stattgegeben und mit diesem Beschluss Rechtsgeschichte geschrieben.

Das Gericht verpflichtete die Bundesregierung, das KSG bis zum 31.12.2022 im Sinne seines Beschlusses zu überarbeiten. Mit der Novelle des KSG vom August 2021 kam die Bundesregierung dieser Auflage nach: Die Reduktion der CO_2-Emissionen bis 2030 wird im novellierten KSG von 55 auf 65 Prozent erhöht (bezogen auf das Jahr 1990) und der Zeitpunkt der Klimaneutralität wird vorgezogen von 2050 auf 2045. Damit sind für die kommenden Jahrzehnte per Gesetz die Eckpunkte festgelegt, in denen sich die Klimawende in Deutschland vollziehen muss. Auf welche Weise der Staat allerdings Klimaschutz betreibt, das liegt – grundsätzlich – in seinem Ermessen, das gerichtlich nur in Extremfällen zu beanstanden ist.

Ich hatte schon seit Jahren gerätselt, warum ich unter Klima- und Umweltschützern kaum Juristen traf.[4] Während eines Sommerurlaubs an dem entlegenen herrlichen Mittelmeerstrand im französischen Gigaro, wo unsere Kinder begeistert im Sand buddelten und ihre weiße Gummirobbe gefahrlos in der seichten Brandung baden konnten, hatte ich Gelegenheit, mit einem befreundeten Anwalt darüber zu sprechen. Während wir beide unseren Kindern zuschauten, antwortete er auf meine Frage nach dem bislang relativ geringen Engagement von Juristen für Klima- und Umweltschutz so knapp und trocken, wie nur Juristen es beherrschen: »Weil man als Jurist auf anderen Gebieten so unglaublich viel Geld verdienen kann.«

Genau an dieser Stelle ist aus meiner Sicht durch den Beschluss des Bundesverfassungsgerichts zum Klimaschutz in Deutschland ein Damm gebrochen, ein weiterer wichtiger Knopf für das Klima geplatzt. Denn damit ist Klimaschutz, auch generationenübergreifend, in Deutschland grundsätzlich einklagbar geworden. Weltweit waren im Jahr 2023 über 1.500 Klimaklagen anhängig – ich gehe davon aus, zukünftig mit steigender Tendenz. Die intelligente Argumentation und abschließende

Sichtweise des höchsten deutschen Gerichts wird dabei auch international Gewicht haben.

Eine internationale Dimension von Klimaklagen deutet sich etwa an in der Initiative einer wachsenden Gruppe von über 100 Staaten unter der Führung der östlich von Australien im Pazifik gelegenen Republik von Vanuatu.[5] Es sind vor allem Inselstaaten, deren Lebensgrundlagen durch steigende Meeresspiegel und zunehmende Sturmaktivitäten existenziell vom Klimawandel bedroht sind. Diese Staaten haben den Internationalen Gerichtshof in Den Haag, das Hauptrechtsprechungsorgan der Vereinten Nationen, um eine nicht bindende beratende Stellungnahme ersucht, wie auf Basis nationaler Gesetze Klimaschutzmaßnahmen verstärkt werden können.

Bei Klimaklagen werden Rechte von Menschen eingeklagt. Aber haben nicht auch Bäume Rechte? Oder ganze Ökosysteme, deren Existenz genauso vom Klimawandel bedroht ist wie die von uns Menschen? Die Rechtsanwältin Roda Verheyen, zentraler Mastermind hinter der Klimaklage vor dem Bundesverfassungsgericht, schreibt dazu: »Schließlich können Unternehmen als juristische Personen schon seit langem vor Gericht klagen und ihre Interessen werden von natürlichen Personen vertreten.«[6] Und sie folgert: »Warum soll das nicht auch für Bäume, Seen oder Wälder möglich sein?«

Die menschliche Gemeinschaft wäre gut beraten, diesen Ansatz aufzugreifen, die Eigenrechte der Natur also anzuerkennen und alle ihre Kinder – Bäume, Tiere, Flüsse, Meere –, die in unserer Gesellschaft keine Stimme haben, als guter Anwalt zu vertreten. Denn die Belastungsgrenze der Natur ist durch menschliche Nutzung und rücksichtslose Ausbeutung in vielen Bereichen längst überschritten und wird durch den anthropogenen Klimawandel zusätzlich existenziell bedroht.

Zukunft ist möglich – wenn wir es wollen

Auch wenn es uns die Geschichte bislang nicht gerade leicht gemacht hat. Zwei allenfalls von einigen wenigen Fachleuten vorausgesehene Krisen rüttelten und rütteln immer noch unser Land, Politik, Wirtschaft und Zivilgesellschaft in gefährlicher Weise durch: die Coronapandemie und der Ukrainekrieg.

Die Coronakrise hat unserem Land reichlich Blessuren zugefügt – vor allem den Ärmsten, den sozial Schwachen und am allerschlimmsten vielen Kindern und Jugendlichen. Trotz Streit über den richtigen Weg in der Pandemie, der mitunter sogar Familien entzweite, trotz berechtigter Empörung über die unzulässige Einschränkung von Freiheitsrechten, über Krisengewinnler und Geldverschwendung, blieb jedoch der politische Wille stark, in der Krise eine gemeinsame Lösung zu finden. Und ganz nebenbei hat Deutschland in den Jahren der Coronakrise 2020 bis 2022 auch bewiesen, wie man in großem Umfang die Emissionen von Treibhausgasen reduzieren kann. Nach Einführung der Corona-Lockdowns sank in Deutschland die Emission von CO_2 zeitweise um bis zu 26 Prozent im Vergleich zum Vorkrisenniveau.[7] Der Industriestandort Deutschland hat diesen Rückgang weitgehend unbeschadet überstanden. Im Gegenteil, die klimabedingten Innovationsimpulse haben, zum Beispiel in der Automobilwirtschaft, einen beschleunigten Übergang zur Elektromobilität angestoßen. Mit einer Verstetigung der jährlichen Treibhausgasminderungen der Jahre 2020 bis 2022 bis zum Jahr 2030 wären wir auf dem besten Weg zu einem klimaneutralen Deutschland gewesen!

Doch mit dem Ausbruch des Ukrainekrieges wurde in Deutschland wieder einmal alles anders: Alte Kohlekraftwerke mussten reaktiviert werden, die Laufzeit noch nicht stillgelegter Kernkraftwerke wurde über den Winter 2022/23 verlängert, und eine kostspielige, durchaus nicht unumstrittene Infrastruktur zum Import von Flüssiggas (Liquefied Natural Gas, LNG) wurde in Rekordzeit installiert. Darüber hinaus gelang es den Verbrauchern, 2022 fast ein Fünftel des Erdgases einzusparen. Gleichzeitig wurde damit begonnen, den in den vorherigen Jahren schleppenden Ausbau erneuerbarer Energien nach Kräften zu beschleunigen und zu vereinfachen.

All dies war möglich, weil unsere Gesellschaft es so wollte – oder es in der schwierigen Lage zumindest duldete. Auf diese Weise gelang ein fast vollständiger Verzicht auf russisches Erdgas innerhalb eines Jahres. Zum Glück, denn für den Fall eines sehr kalten Winters hätte eine echte Wirtschafts- und Gesellschaftskrise mit frierenden Menschen gedroht – ein Alptraum für jede von der Wählergunst abhängige Regierung.

Aber wie soll am Ende Klimaneutralität in Deutschland, also der völlige Verzicht auf die Nutzung von Kohle, Öl und Erdgas, in unserer so von materiellem Konsum abhängigen Wirtschaft und Gesellschaft bis zur Mitte des Jahrhunderts funktionieren? Radikale Forderungen nach einem grundlegenden Wertewandel mit einer Abkehr von klimaschädlichen ungezügelten materiellen Konsumansprüchen in den Industrieländern und der Ruf nach einem Systemwandel in der Finanz- und Markwirtschaft sind durchaus nachvollziehbar. Diese Diskussion muss sehr ernsthaft geführt werden. Eine solche gesellschaftliche Grundsatzdebatte würde jedoch aus meiner Sicht mindestens die kommenden 10 bis 20 Jahre in Anspruch nehmen, wenn sie überhaupt eine Chance hätte, in einen tragfähigen Konsens zu münden. Denn naturgemäß müsste sie gegen massive Widerstände etablierter Wirtschaftskreise geführt werden. In dieser Zeit gesellschaftlicher Auseinandersetzungen wäre das globale Restbudget aber weitgehend aufgebraucht und die Chance auf einen wirtschaftlich wie sozial verträglichen gleitenden Übergang in die notwendige Klimaneutralität bis spätestens zur Mitte des Jahrhunderts vertan. Alternativ könnte die Weltgemeinschaft die Pariser Grenzen bewusst überschreiten, müsste dafür jedoch den extrem hohen, letztlich unkalkulierbaren Preis irreversibler

Klimaschäden zahlen – unter anderem in Form von Wetterextremen wie Dürren, Überschwemmungen und Sturmschäden, von Hunger, Landverlust durch Meeresspiegelanstiege und Flüchtlingsströme.

Ich gebe offen zu: Ich halte Grundsatzdiskussionen über Konsumverzicht und Kapitalismuskritik, so begründet sie auch sein mögen, derzeit für nicht zielführend. Bei all diesen so beliebten Diskussionen dürfen wir die Bodenhaftung nicht verlieren. Denn am Ende des Tages zählt für viele Menschen dieser Welt nur eines: das kurzfristige »gute Leben« – oder auch das tägliche Überleben. Das Hemd ist uns buchstäblich näher als die Jacke, wobei viele Menschen auf unserer Erde gar kein Hemd geschweige denn eine Jacke besitzen.

Und das bedeutet: Der steile Weg zur globalen Klimaneutralität, wie er mit den Eckpunkten des novellierten Klimaschutzgesetzes für Deutschland beschlossen wurde (minus 65 Prozent CO_2-Emissionen bis 2030 und nationale Klimaneutralität bis 2045), muss so angelegt werden, dass er hier und heute und in Zukunft gangbar ist. Klimaneutrales Leben und Wirtschaften kann und wird auch am Ende sogar besser und gerechter funktionieren als das bestehende, von fossilen Energien gespeiste System.

Ganz konkret und praktisch bedeutet das: Eine klimaneutrale Energieversorgung auf Basis fluktuierender erneuerbarer Energien muss funktionieren – jederzeit, sicher und finanzierbar. Erneuerbare Energien müssen die Versorgung *aller* Verbrauchssektoren (Strom, Gebäudewärme, industrielle Prozesswärme und Verkehr) sicherstellen. Dabei muss vor allem das Rückgrat der Energiewirtschaft, der Strom, auch wenn er künftig mit Erneuerbaren erzeugt wird, in den 8.760 Stunden des Jahres so sicher sein wie im etablierten, mit fossilen Energien gestützten System – und zwar zu jeder Jahres-, Tag- oder Nachtzeit, ganz gleich, ob die Sonne scheint und der Wind weht.

Konzept, Funktion, Aufbau und Finanzierung eines solchen Energiesystems wurden vor dem Hintergrund der deutschen

Energiewende von führenden wissenschaftlichen Instituten und Arbeitsgruppen über Jahre entwickelt, mit Hilfe von Computermodellen getestet und bewertet. Dabei wurden auch unterschiedliche Szenarien gesellschaftlicher Akzeptanz zugrunde gelegt. Die Ergebnisse der Arbeiten liegen in ausführlichen Studien vor;[8] sie unterscheiden sich naturgemäß in technischen Details und teilweise auch strategisch.

Alle Studien kommen grundsätzlich jedoch zu dem Ergebnis: Ein klimaneutrales Energiesystem für Deutschland ist aus technischer, systemischer und wirtschaftlicher Sicht bis zum Jahr 2050, auch 2045 möglich. Der Einwand, dass auch dieses Ziel nicht ausreiche, ist berechtigt, aus meiner Sicht jedoch nicht zielführend. Er strapaziert nur das Realitätsempfinden vieler Menschen und fördert eher die Resignation als den Willen, Klimaneutralität für Deutschland mit allen Mitteln und auf allen gangbaren Wegen zu erreichen.

Vier technische Säulen für ein klimaneutrales Deutschland

Führende Wissenschaftler vor allem aus Energietechnik, Energiewirtschaft haben zusammen mit Volkswirten, Industrievertretern und Soziologen darüber geforscht, gerechnet, modelliert und nachgedacht, wie sich Deutschland bis zum Jahr 2045 klimaneutral umbauen lässt. Abgesehen von unvermeidlichen Unterschieden in Bezug auf Interessen, Sichtweisen und technischen Details lässt sich in der Menge der Daten, Diagramme und Zusammenfassungen ein grundsätzlicher Konsens über vier tragende technisch-strategische Schlussfolgerungen erkennen, vier technische Säulen für ein klimaneutrales Deutschland:

1. Säule: Wind und Sonne ersetzen fossile Primärenergien – Strom wird der führende Endenergieträger

Dies ist die zentrale Voraussetzung, der Dreh- und Angelpunkt der Klimawende. Sie erfordert einen massiven Ausbau von Photovoltaik, Windenergie an Land und auf See um rund einen Faktor drei. Der dabei direkt und effizient letztlich aus Solarenergie (Sonne, Wind- und Wasserkraft und Biomasse) gewonnene Strom versorgt als Endenergieträger (die Energieform, die letztlich beim Kunden ankommt) überwiegend alle Verbrauchssektoren. Dies geschieht entweder direkt aus der Steckdose oder indirekt durch elektrochemisch mit Strom hergestellte stoffliche Energieträger, insbesondere Wasserstoff, Methan, Methanol und andere klimaneutrale Kraftstoffe, sogenannte E-Fuels. Erneuerbare Energien ersetzen somit zu über 90 Prozent oder, wenn gefordert, auch zu 100 Prozent die fossilen Primärenergieträger Kohle, Öl und Gas.

Die erneuerbaren Stromerzeugungskapazitäten sollten aus wirtschaftlichen Gründen und vor allem mit Blick auf die knappe Zeit, die uns national und international zur Erreichung der Klimaneutralität noch verbleibt, so weit wie möglich im eigenen Land ausgebaut werden. Stromimporte im Rahmen des europäischen Verbundnetzes werden auf maximal circa zehn Prozent des nationalen Verbrauchs geschätzt.

Die direkte Stromerzeugung aus Sonne und Wind ist CO_2-frei; sie befreit uns aus der energietechnischen Abhängigkeit von Verbrennungsprozessen. Dabei wird eine naturwissenschaftliche Gesetzmäßigkeit oft wenig wahrgenommen, vielleicht, weil Ingenieure und Physiker sich immer schwergetan haben, sie allgemeinverständlich zu kommunizieren: Sonne und Wind lösen uns vor allem aus der energietechnischen Abhängigkeit von extrem verlustreichen Wärmekraftmaschinen. Denn diese können die Wärme, die bei der Verbrennung von Kohle, Öl, Gas oder auch Kernspaltung frei wird, auch bei hohem technischen

Aufwand meist nur zu weniger als 50 Prozent in mechanische Arbeit, also letztlich in die Endenergie Strom, umsetzen. Die restliche Verbrennungs- oder Abwärme ist bei Großkraftwerken in der Regel nicht oder nur sehr bedingt nutzbar. Bei konventionellen Kernkraftwerken hat die Abwärme einen besonders hohen Anteil von rund 70 Prozent. Daher spielt hier die Kühlung durch die oft weithin sichtbaren Kühltürme mit ihren Wasserdampfwolken oder mit Flusswasser eine so wichtige Rolle. Vor allem bei Verbrennungsmotoren oder Gasturbinen kann die physikalisch unvermeidbare Abwärme im Rahmen der sogenannten Kraft-Wärme-Kopplung noch für Heizzwecke genutzt werden.

Dieses Problem der überanteiligen Abwärme, des Energieverlustes, entfällt bei erneuerbaren Energien oder ist hier deutlich geringer. Darüber hinaus entfallen bei Photovoltaik- und Windkraftwerken die Kosten von Gewinnung, Aufbereitung bzw. Kauf und Transport von Kohle, Erdöl, Erdgas oder Natururan, ganz abgesehen von denen für die Rauchgasreinigung oder die letztlich nicht voraussehbaren Endlagerkosten für radioaktive Abfälle.

2. Säule: Massive Erhöhung der Energieeffizienz in allen Verbrauchssektoren

Alle Studien gehen in der klimaneutralen Energieversorgung sowohl von einem deutlich sinkenden Primär- als auch Endenergieverbrauch aus. Ein großer Beitrag dazu ergibt sich allein durch den in der ersten Säule beschriebenen Ausstieg aus den thermischen Großkraftwerken mit ihren thermodynamisch unvermeidlichen Abwärmeverlusten. Auch wenn, wie etwa im modernsten deutschen Kohlekraftwerk Datteln 4, Abwärme teilweise für Fernwärme genutzt werden kann, liegen selbst dort die Abwärmeverluste immer noch bei mindestens 40 Prozent.

Weil die Nutzung von Strom in vielen Anwendungen eine deutlich bessere Umwandlungsbilanz aufweist als die Nutzung von Brennstoffen, trägt Elektrifizierung maßgeblich zur Reduzierung des Endenergiebedarfs und damit zur Erhöhung der Energieeffizienz bei. Das treibt die verstärkte Umstellung auf strombasierte Prozesse in der Industrie und die Umstellung auf moderne Heizsysteme, insbesondere Wärmepumpen, und vor allem den Ausbau der Elektromobilität voran. Eine wichtige Rolle spielen hier politische Vorgaben zur effizienten Energienutzung, zur Gebäudesanierung und nicht zuletzt ein sparsameres Nutzerverhalten. In Summe haben Effizienzmaßnahmen das realistische Potential, die Endenergienachfrage um rund ein Drittel zu reduzieren.

3. Säule: »Grüne« Wasserstoffwirtschaft

Mit Strom aus erneuerbaren Energien lässt sich aus Wasser über den Prozess der Elektrolyse in großtechnischen Prozessen mit vertretbaren Energieverlusten von circa 20 bis 30 Prozent Wasserstoff herstellen. Dieser sogenannte »grüne Wasserstoff« wird zukünftig ein wichtiger stofflicher klimaneutraler Energieträger sein. Er wird in einer klimaneutralen Energiewirtschaft technisch und wirtschaftlich nutzbar sein, sobald ausreichende Mengen an erneuerbarem Strom zur Verfügung stehen, die im Stromnetz nicht mehr abgenommen werden können. Das sollte etwa ab den 2030er Jahren der Fall sein.

Grüner Wasserstoff wird in einer klimaneutralen Energiewirtschaft für drei Anwendungsbereiche benötigt werden: Erstens als saisonal in Erdgasspeichern oder Salzkavernen weitgehend verlustfrei speicherbarer Energieträger, der zur Rückverstromung in schnellen Gaskraftwerken zur Verfügung steht; zweitens als dringend benötigter Ersatzrohstoff für ehemals preiswertes Erdgas in der Industrie (Stahlproduktion, Chemie); drittens als Rohstoff zur Herstellung klimaneutraler Kraftstoffe (E-Fuels) vor allem für Luftfahrt und Schifffahrt. Für die Anwendung als Erdgasersatz in der Gebäudeheizung oder als Rohstoff zur Herstellung von Kraftstoffen für Pkws wird grüner

Wasserstoff zu wertvoll und damit der direkten Stromnutzung wirtschaftlich in der Regel bei Weitem unterlegen sein. Die unter Fachleuten verbreitete Charakterisierung von grünem Wasserstoff als »Champagner« der klimaneutralen Energiewirtschaft trifft diesen Sachverhalt sehr anschaulich.

Grüner Wasserstoff wird oft als der Hoffnungsträger und Eckpfeiler der Energiewende gefeiert. Allzu große Begeisterung sollte man jedoch mitunter mit der fast peinlich trivialen Aussage dämpfen, dass Wasserstoff nur ein *Energieträger* und ein wichtiger Rohstoff vor allem für die Industrie ist, jedoch keine neue Primärenergiequelle.

4. Säule: CO_2-Senken und Endlager

Erste Priorität zum Erreichen von Klimaneutralität muss in jedem Fall die Reduzierung von CO_2-Emissionen aus der Verbrennung fossiler Energieträger auf null sein. Doch leider reicht das nicht aus, denn es verbleiben immer noch ebenfalls von uns Menschen verursachte CO_2-Restemissionen vor allem aus der Landwirtschaft, aus der Betonherstellung und nicht zuletzt aus der Zerstörung natürlicher Biosysteme, vor allem durch Waldbrände.

Darüber hinaus bleibt die schwierige Aufgabe, den bereits jetzt zu hohen CO_2-Gehalt in der Erdatmosphäre in den kommenden Jahrzehnten durch Entnahme von CO_2 aus der Atmosphäre und durch geeignete Endlagerung wieder auf ein klimaverträgliches Maß zurückzuführen.

Die erste, politisch wie gesellschaftlich überwiegend akzeptierte und bei Weitem preiswerteste Maßnahme zur CO_2-Entnahme aus der Atmosphäre ist hier und heute vor allem der Erhalt und, wenn möglich, die Renaturierung natürlicher CO_2-Senken – und das sind in erster Linie Wälder, vor allem die Regenwälder der Erde, gesunde Böden und vor allem, lange unterschätzt, die Moore.[9]

Ganz gleich, ob natürliche CO_2-Senken ausreichen werden oder nicht, CO_2-Entnahme aus der Atmosphäre wird darüber hinaus unverzichtbar sein. Für diese Herausforderung ist eine Gesamtstrategie auf nationaler wie globaler Ebene erforderlich. Denn es bestehen hier noch erhebliche Unklarheiten und Unsicherheiten in Bezug auf grundsätzlich mögliche Lösungen. Eine Gesamtstrategie sollte eine Priorisierung der Maßnahmen, Forschungs- und Entwicklungsaufwand, Technikfolgen, gegebenenfalls auch zusätzlichen Nutzen (zum Beispiel im Bereich Artenschutz), Kosten, Öko- und Gesamtbilanzierungen, Zeitkonstanten, Risiken und nicht zuletzt politische Umsetzbarkeit und gesellschaftliche Akzeptanz umfassen.

Meine sehr vereinfachte Darstellung des Rahmens für eine klimaneutrale Energietechnik in Deutschland mit vier technischen Säulen darf nicht dazu verleiten, zu einfach zu denken. Klimaneutralität wird sich nur mit einem eng geknüpften komplexen Netz einer Vielzahl von letztlich realisierbaren, sinnvollen und verantwortbaren Aktivitäten, Maßnahmen und Ansätzen erreichen lassen. Auch hier nicht erwähnte Techniken wie zum Beispiel die Geothermie in Ballungsräumen mit Nah- oder Fernwärmnetzen oder auch die Nutzung von Biomasse können relevante Beiträge vor allem zur Wärmewende leisten. Die lokal bedeutende Stromerzeugung durch Wasserkraft ist in ihren Potentialen weitgehend ausgeschöpft und ein weiterer Ausbau aus ökologischen Gründen oft problematisch.

Eine weitere komplexe Herausforderung, die den Aufbau von Hunderttausenden dezentraler Photovoltaik- und Windanlagen begleiten wird, ist der massive Ausbau und die Ertüchtigung der Stromnetze.

Die Liste der vielen kleinen und großen, oft unterschätzten Maßnahmen auf dem Weg in die Klimaneutralität ließe sich lange fortsetzen. Als Beispiel nenne ich nur eine der wenig beachteten Aufgaben, die eine geduldige und zähe Arbeit vieler engagierter Menschen erfordert. Sie wurde mir erst kürzlich, beim Besuch einer teilweise turbulenten Versammlung von Bauern, Naturschützern und Lokalpolitikern in der Nähe meines Wohnortes in Bayern, bewusst: Es ging um die Wiedervernässung und Renaturierung eines Moorgebietes, um es als bedeutende Kohlenstoffsenke und in seiner Artenvielfalt zu erhalten oder zu reaktivieren. Dazu gehören unter anderem Klärung und Konzentration der Besitzverhältnisse, Überzeugung und Entschädigung der landwirtschaftlichen Nutzer, wasserwirtschaftliche Umbauten, mögliche naturverträgliche Folgenutzung und so weiter.

Es liegt wahrscheinlich in der Natur von uns Menschen, immer nach *der* einfachen, schnellen Lösung, *der* zündenden Idee zu suchen, die uns von allen Problemen befreit: sei es die Kernenergie, die Wasserstofftechnik, Tiefengeothermie oder die Vision einer mit supraleitenden Kabeln verbundenen weltumspannenden Stromversorgung aus Solarkraftwerken in Nordafrika. In meiner Zeit als Entwickler von Photovoltaikmodulen und Fertigungstechnologien wurde ich immer wieder danach gefragt, wann wir endlich einen »Durchbruch« geschafft hätten – was auch immer damit gemeint war. Solche ungeduldigen Erwartungen, meist von Fachfremden, werden nur allzu selten erfüllt. Als Forscher oder Entwickler kann man sich glücklich schätzen, wenn man einmal in seinem Leben eine solche Sternstunde des Erfolgs erleben darf. Die Realität hingegen ist zähe, kleinteilige und oft mühsame Forschungs- und Entwicklungsarbeit im Team mit Kollegen. Doch nach meiner Erfahrung sichert nur dieser Weg die begehrten Erfolge.

Sonne und Wind fordern Flexibilität und Intelligenz

Wir Menschen in den Industrieländern haben uns an eine Energieversorgung gewöhnt, die an jedem Ort, zu jeder Zeit verfügbar, sicher und am Ende auch bezahlbar ist. Erdöl, Erdgas, Steinkohle, Braunkohle und Uran sind einfach speicherbar, rund um die Welt transportabel und, abgesehen von politischen oder militärischen Krisen, auch immer noch vergleichsweise preiswert. Der Energiekomfort dieses Sorglospakets ist auch für mich persönlich verführerisch: Wenn ich an der Tankstelle für 150 Euro

Diesel tanke, kann ich in meinem bequemen Volvo 1.000 oder sogar 1.400 Kilometer fahren, auch im tiefsten Winter bei Eis und Schnee im gemütlich warmen Innenraum oder im Hochsommer bei über 40 Grad kurz vor Mailand mit Klimaanlage bei angenehmen 20 Grad. Vergleichbaren Komfort lieferte mir lange Jahre im Haus der Strom aus Braunkohle- oder Kernenergie-Grundlastkraftwerken, die rund um die Uhr zu jeder Jahreszeit wie ein Uhrwerk funktionierten, mit Steinkohle- oder Erdgas-Mittellastkraftwerken, die sich an den tageszeitlichen oder saisonalen Verbrauch anpassten und mit Spitzenlastkraftwerken, die bei Bedarf innerhalb von Sekunden ansprangen. Dieses System konnte und kann im Grunde fast nichts erschüttern – auch nicht ein Brand in einem zentralen Transformator oder ein Boxkampf in den USA, den um drei Uhr nachts Millionen von Sportfans anschauen wollen, die innerhalb von Minuten im ganzen Land ihre Fernsehgeräte einschalten, Bier aus dem Kühlschrank holen, Kaffee kochen, den Heizlüfter einschalten oder sich Spiegeleier braten. Wir sind es einfach gewohnt, dass uns die Stromversorger jeden Wunsch, jeden Energiebedarf vom Zähler ablesen und zum Festpreis liefern.

Vor diesem Hintergrund ist es verständlich, dass sich viele Menschen, erst recht erfahrene Fachleute der Energieversorger, einfach nicht vorstellen können, dass sich in einer klimaneutralen Energieversorgung, die mit 90 Prozent Strom aus Sonne und Wind gespeist wird, in Deutschland die gleiche Versorgungssicherheit wie mit dem gewohnten fossil-nuklearen Energiesystem erreichen lässt.

Die Lösung liegt in zwei eher »weichen« Faktoren: Kooperation und Flexibilität in der Stromnutzung. Das zentrale Stichwort dazu lautet Sektorenkopplung – die optimierte Vernetzung der Verbrauchssektoren wie Mobilität, Industrie, Wasserstofferzeugung oder Wärme- und Kälteversorgung. Das weite Spektrum in ihren Anforderungen oft komplementärer Nutzer ermöglicht Lastverschiebungen bei Stromengpässen. Dabei muss der

Verbraucher Anreize bekommen, flexibel auf das Angebot von Wind- oder Solarstrom zu reagieren. Das ist zum Beispiel im Haushaltsbereich meist relativ einfach möglich. Der Betrieb vieler Elektrogeräte wie Kühltruhe, Waschmaschine, Wäschetrockner oder Ladegerät für den Auto- oder Fahrrad-Akku kann mit intelligenter Elektronik, wenn immer möglich, auf Zeiten mit großem Stromangebot verschoben werden – und das sogar ohne dass der Verbraucher etwas davon bemerkt. Anreiz für diese Verschiebung bietet ein niedriger Strompreis bei ausreichendem Angebot von Strom aus Windkraft und Solarenergie: Bereits heute erreicht der Strompreis auf den Spotmärkten unter günstigen Wind- und Sonnenbedingungen die Null-Euro-Grenze. Auf diese Weise können Leistungsreserven für zum Beispiel solche industriellen oder medizinischen Verbraucher geschaffen werden, die ihren Strombedarf zeitlich nicht verlagern können. In Unternehmen mit energieintensiver Fertigung sind seit Jahrzehnten leistungsabhängige Strompreise oder, bei der Gasversorgung, sogar günstige Tarife mit abschaltbarer Versorgung zur Kostenoptimierung üblich.

Das Herz eines klimaneutralen Systems zur Energieversorgung ist die Betriebsführung, die einen sicheren Ausgleich nicht regelbarer Stromerzeugung und nicht verschiebbarer Lasten ermöglicht. Bei Stromüberschuss können Elektrolyseure zur Wasserstofferzeugung bedient, Akkus und Wärmespeicher geladen oder Bedarfe im europäischen Verbundnetz abgedeckt werden. Bei Strommangel (der schlimmste Fall: die gefürchtete Dunkelflaute) können Speicherkraftwerke, Batterien oder Gaskraftwerke zur Rückverstromung von gespeichertem Wasserstoff eingebunden werden oder, wenn möglich, Strom aus dem europäischen Verbundnetz bezogen werden.

Modellrechnungen unterschiedlicher deutscher Institute kommen zu dem Ergebnis, dass ein solches komplexes, hoch vernetztes System mit Millionen geografisch verteilter dezentraler Stromerzeuger auch unter extremen Wetterdaten eine sichere Stromversorgung über jede der 8.760 Stunden des Jahres gewährleisten kann.

Funktionieren wird all dies natürlich aber nur dann, wenn es auch finanzierbar ist. Sind die kumulierten Mehrkosten für ein klimaneutrales Energiesystem gegenüber dem konventionellen fossil-nuklearen Energiesystem gemittelt und verteilt über die Jahre bis 2045 also finanzierbar?

Ich bin der Meinung, ja! Denn: Diese Mehrkosten liegen aus eher konservativer Sicht in der Größenordnung von etwa zwei Prozent des deutschen Bruttoinlandproduktes (BIP 2022: 3.900 Milliarden Euro). Die Unsicherheit solcher Kosten ist naturgemäß sehr hoch. Und sie hängen ganz entscheidend von der gesellschaftlichen Bereitschaft ab, durch energiebewusste Lebensstile aktiv die Energiewende mitzugestalten. So würden sich nach einer Studie[10] des Fraunhofer-Instituts für Solare Energiesysteme ISE, im aus meiner Sicht allerding sehr optimistischen Szenario »Suffizienz«, die Mehrkosten pro Jahr auf nur 0,4 Prozent des BIP reduzieren lassen.

In all diesen Kostenschätzungen sind die vermiedenen Schäden durch den Klimawandel oder Schadstoffemissionen ebenso wenig berücksichtigt wie positive Arbeitsplatzeffekte durch Innovation und Investitionen oder die Stärkung der Konkurrenzfähigkeit des Industriestandortes Deutschland. Ein Vergleich veranschaulicht die Finanzierbarkeit der deutschen Klimawende auf versöhnliche Weise: Die Umsätze im Weihnachtsgeschäft im Jahr 2022 lagen bei rund 119 Milliarden Euro,[11] das entspricht rund drei Prozent des deutschen Bruttoinlandsproduktes in diesem Jahr.

Wann immer möglich, vermeide ich die *eine* in ökologischen Kreisen so populäre Frage des Konsumverzichts, mit der gern versucht wird, die Verantwortung für den Klimaschutz auf den einzelnen Bürger, die einzelne Bürgerin abzuwälzen. Im direkten Vergleich zum jährlichen Konsumrausch des Weihnachtsgeschäfts drängt sie sich jedoch förmlich auf: Auf wie viel können und wollen wir in unserem privaten Lebensstil, unserem privaten Konsum, für den Klimaschutz, für Klimaneutralität, verzichten?

Harry Lehmann, Mitglied des Club of Rome und Projektleiter im Umweltbundesamt (UBA) bei einer der umfassendsten Studien zur Ressourcenschonung und Klimaneutralität in Deutschland, schreibt dazu im Vorwort: »Natürlich können wir die Frage nach dem ‚wie viel ist genug' letztlich nicht beantworten – ohne Begrenzung unseres Lebensstils werden wir Ziele nicht erreichen und die globalen Ungerechtigkeiten werden immer stärker werden.«[12]

Die christliche Weihnachtsbotschaft, obwohl sie im Weihnachtskonsum fast bis zur Unkenntlichkeit entstellt wird, zeigt uns auch nach 2000 Jahren noch einen ganz konkreten Weg: Schon mit einem etwas bescheideneren, vielleicht um ein Drittel reduzierten Weihnachtskonsum, also mit rund ein Prozent des BIP pro Jahr, ließe sich eine klimaneutrale Energieversorgung in Deutschland zu einem großen Teil finanzieren. – Wenn wir es denn als Gesellschaft so wollen.

Notwendiges Korrektiv der Marktwirtschaft: die CO_2-Bepreisung

Die christliche Weihnachtsbotschaft als Wegweiser und Ansporn für eine sichere Finanzierung der Klimawende – das wäre am Ende zu schön, um wahr zu sein. Vielleicht nicht so schön, dafür aber realistisch und erprobt hingegen sind die Anreize des Marktes. Die Lösung ist im Prinzip einfach: Der Platz zur »Lagerung« von CO_2 in der Atmosphäre ist ein knappes Gut, und dafür sollte im Sinne der Marktwirtschaft für jede Tonne CO_2, die in die Atmosphäre emittiert wird, ein Entgelt, ein Preis gezahlt werden. Dieser Preis sollte sich an den Kosten der Klimaschäden orientieren, die von der Emission jeder Tonne CO_2 verursacht werden. Sie betragen laut Umweltbundesamt über 200 Euro pro Tonne CO_2.[13] Nur wenn diese »externen Kosten« des Klimawandels für die Menge von CO_2, die zur Herstellung jedes Produktes, zur Durchführung jeder Dienstleistung emittiert wird, auch im Marktpreis enthalten ist, kann die Marktwirtschaft auf die Anforderung der Klimaneutralität reagieren. Woher aber soll der Markt wissen, dass CO_2-Emissionen im Rahmen der Klimaneutralität ein knappes Gut sind, oder dass – um ein weiteres, ähnlich kontroverses »Fass« aufzumachen – bei der Herstellung von Produkten auf eklatante Weise soziale Standards verletzt wurden? Die Käufer werden das Problem nicht lösen, denn nur eine sehr kleine Gruppe aufgeklärter und verantwortungsbewusster Marktteilnehmer reagiert ablehnend auf unrealistisch geringe Preise zum Beispiel von Konsumartikeln, verhält sich also bewusst *entgegen* dem üblichen Marktverhalten. Zu dieser seltenen Spezies gehörte der redliche Elektromeister in meinem Hochschullabor. Er schaute sich elektronische Billigprodukte zum Beispiel aus China mit sichtbarem Ekel an und kommentierte: »Da klebt Blut dran, das wollen Sie doch wohl nicht kaufen?«

Die einzige Instanz, die dem Markt verbindlich einen Preis für die Emission von CO_2 vorgeben kann, ist der Staat. Und das ist er jedem Unternehmer, jedem Hersteller, am Ende jeder Bürgerin und jedem Bürger, auch schuldig. Sie alle müssen wissen, wie hoch der Preis für emittiertes CO_2 ist – und wie hoch er in fünf oder zehn Jahren sein wird. Verbindlichkeit und Planbarkeit dieser Preiskomponente ist eine Voraussetzung, damit Unternehmen und auch Bürgerinnen und Bürger auf die Anforderungen und Chancen der Energiewende planvoll und sicher reagieren können und Risiken bei energieintensiven Investitionen beherrschbar bleiben. Die Einführung einer CO_2-Bepreisung kann durch eine zusätzliche Steuer oder durch eine staatlich begrenzte Ausgabe von CO_2-Emissionsrechten zu festgelegten Ausgabepreisen realisiert werden. Wenn die Emissionsrechte als sogenannte Zertifikate handelbar sind, kann sich am Markt ein CO_2-Preis ausbilden.

In globalisierten Märkten bleibt jedoch ein Haken: Bis auf Weiteres werden sich vermutlich nicht *alle* Staaten zeitgleich auf die gleiche Höhe und den gleichen Modus zur Bepreisung von CO_2 einigen. Daher müssen zum Schutz von Wirtschaftsräumen mit vergleichsweise hohen CO_2-Emissionskosten Wettbewerbsverzerrungen durch Importe aus Staaten mit günstigeren CO_2-Preisen verhindert werden (Stichwort: Carbon Leakage). Diese Notwendigkeit hat die EU-Politik erkannt und einen CO_2-Grenzausgleichsmechanismus (Carbon Border Adjustment Mechanismen, CBAM)[14] beschlossen, der Unternehmen außerhalb der EU daran hindern soll, die schärferen EU-Emissionsvorschriften zu umgehen. Der Weg hin zu einem letztlich notwendigen weltweiten CO_2-Preis wird jedoch wahrscheinlich noch lang und steinig sein.

Kapitel 4

Klimaneutralität in einem Vierteljahrhundert?

An dieser Stelle muss auch ich mir immer wieder deutlich machen, was das Ziel der globalen Klimaneutralität bedeutet: Die Menschheit muss innerhalb von rund 30 Jahren ihre erprobte, gut funktionierende, profitable und noch lange nicht versiegte Quelle fossiler Energien aufgeben, muss den Verbrauch fossiler Energien von rund 80 Prozent auf annähernd null reduzieren.

Puh! Die Lösung einer solchen Menschheitsaufgabe ist ein Härtetest für den Zusammenhalt unserer Gesellschaft. Dabei prallen auch bei politisch aktiven, verantwortungsbewussten und für Klimaschutz, Umwelt- oder Sozialarbeit offenen und engagierten Menschen unterschiedliche Meinungen und Schwerpunkte aufeinander. Jeder von uns hat in seinem Leben, seiner beruflichen Arbeit andere, oft emotional prägende persönliche Erfahrungen gemacht. Ich habe mit unterschiedlichsten Menschen über Klimaneutralität und die Einhaltung der Grenzen des Pariser Vertrages gesprochen und möchte nachfolgend einige ihrer durchaus nachvollziehbaren Perspektiven und Argumentationsmuster nachzeichnen.

Ein erfahrener Technologe und Weltbürger: Wer international energietechnische Erfahrungen gemacht hat, der hat die überwältigenden Größenordnungen von Energieeinsatz und oft auch Energieverschwendung außerhalb unseres kleinen Deutschlands erlebt. Wer einmal nachts über die Ölfelder auf der arabischen Halbinsel geflogen ist und die brennenden Fackeln des abbrennenden Erdgases an Bohrlöchern gesehen hat oder gar als Experte vor Ort ein solches außer Kontrolle geratenes Feuerinferno direkt erleben musste, wer in China den Smog aufgrund der vielen kleinen alten oder neuen Kohlekraftwerke atmen musste oder die gigantischen ökologischen und sozialen Zerstörungen für Wasserkraft durch den Yangtse-Staudamm sehen konnte, wer auch nur *eine* solche Erfahrung gemacht hat, der sieht unsere Photovoltaikanlagen auf Hausdächern, unsere Mühe beim Einsparen von Plastikverpackungen und unsere Rad fahrenden Grünen mitunter nur noch mitleidig an.

Ein kompetenter Unternehmer: Ein hochprofilierter, verantwortungsbewusster Mann, der sein Leben in unternehmerischen Strukturen, Regeln, Zeitkonstanten verbracht hat, schlägt vor den wirtschaftlichen Umstrukturierungen durch die »große Transformation« die Hände über dem Kopf zusammen und sieht als Perspektive nur Massenarbeitslosigkeit und soziale Unruhen. Als einzigen Ausweg glaubt er an die »Waldlösung« – den strikten Erhalt der Regenwälder und weitere Aufforstungen, um durch Erhalt und Stärkung natürlicher CO_2-Senken einen weichen Übergang in eine klimaneutrale Wirtschaft zu ermöglichen.

Ein führender, hochverdienter Wissenschaftler für Klimaschutz sieht in eben dieser Waldlösung hingegen vor allem den Konflikt gegenüber landwirtschaftlichen Flächen für die Ernährung der wachsenden Weltbevölkerung und hält ihn deshalb für völlig verfehlt.

Eine politische engagierte Großmutter hat vor allem ihre Enkel vor Augen, mit ihrer Freude am Leben, am Spielen, am Unfug machen, mit Liebe zu Gutenachtgeschichten und völligem Vertrauen in die Eltern oder Großeltern. Wenn sie dann daran denkt, wie wir dieses Vertrauen unter fadenscheinigen Argumenten von Wirtschaftlichkeit und Zeitmangel mit dem bequemen Hinweis auf unsere Machtlosigkeit missbrauchen, zerreißt es ihr förmlich das Herz. Denn sie weiß, in welche von politischen und klimatischen Katastrophen gezeichnete Welt wir unsere Enkel und Urenkel entlassen. Sie hat absolut kein Verständnis mehr für den Egoismus von Urlaubsfernreisenden, von Fahrern fetter SUVs, und sie hält politische Kompromisse auf Kosten von Klima-, Umwelt- und Artenschutz zum »Erhalt unseres Wohlstands«, um »alle Menschen mitzunehmen«, einfach nicht mehr aus. Es fehlt nicht viel, und sie würde sich in ihrer Verzweiflung zusammen mit den Aktivistinnen und Aktivisten der Letzten Generation auf einer Straße festkleben.

Eine Umweltaktivistin: Für sie als im politischen »Nahkampf« erprobte und oft erschöpfte Klima- und Umweltkämpferin, die sich bestens in den Details von Energieverschwendung und Umweltzerstörung in unserem Land auskennt, ist Verzicht und Einschränkung im Lebensstil die einzige Lösung. Sie hält die Einbindung der Wirtschaft in den Klimaschutz über die CO_2-Bepreisung für ein Ablenkungsmanöver, damit diese als Kern des Übels weiter ungestört »Business as usual« betreiben kann.

Eine Entwicklungshelferin: Sie hat in Afrika Elend und Hunger erlebt, und Klimaschutz erscheint ihr als Luxus der Reichen. Menschen mit diesem Erfahrungshintergrund haben oft wenig Verständnis für unsere Art von technologisch aufwändigen Lösungen wie zum Beispiel komfortable und leistungsstarke Elektrofahrzeuge oder Passivhäuser.

Alle diese Menschen haben, aus der Perspektive ihrer Erfahrungen und Kenntnisse, in gewisser Weise recht, und ihre Argumente und emotionalen Situationen müssen ernst genommen werden. Wer seine Energie und Zeit vor allem in das eigene Fachgebiet oder in den Lebensbereich investiert, für den er oder sie emotional brennt, kann schließlich nicht auch noch alle anderen Bereiche der großen Transformation im Blick haben. Allerdings kommen wir bei dem komplexen und alles umfassenden Thema der Klimaneutralität um eine ganzheitliche Lösung einfach nicht herum. Es müssen sämtliche Teilbereiche und die sich ergänzenden Lösungsansätze berücksichtigt, gegeneinander abgewogen und schließlich zusammengefügt werden. Dahinter steckt das geradezu teuflische Problem komplexer Systeme, über das schon Mephisto in Goethes *Faust I* einen unbedarften Studenten auf seine intellektuell diabolische Art belehrt: »Dann hat er die Teile in seiner Hand, / Fehlt leider! nur das geistige Band.«[1]

2021 wurden 25 renommierte deutsche Forschungsinstitute vom Bundesministerium für Bildung und Forschung (BMBF) damit beauftragt, eine Perspektive für ein klimaneutrales Deutschland mit dem wichtigsten Orientierungswissen für Entscheider zu erstellen. Der Name des Verbundprojektes lautet sinnigerweise Ariadne.[2]

Mit Hilfe des Fadens der Ariadne gelang dem Helden Theseus in der griechischen Mythologie bekanntlich die sichere Navigation aus dem Labyrinth des Minotaurus. Einen solchen Faden werden vor allem unsere Politiker auf unserem Weg zur Klimaneutralität dringend brauchen – auch in Zeiten moderner Navigationssysteme.

Viel hilft, was schnell hilft

Ein Licht in der Finsternis des Labyrinths und ein Leitfaden für Prioritäten auf dem Weg zur Klimaneutralität ist die *Dringlichkeit* der Maßnahmen: Wir müssen schnell handeln, um Kipppunkte als Folge der fortschreitenden Erderhitzung zu vermeiden. Ein anschaulicher Kipppunkt im Klimasystem ist zum Beispiel der Verlust des bunten Lebensraums der Korallenbänke, wegen ihrer riesigen Artenvielfalt auch *Regenwälder der Meere* genannt. Ich habe das pralle Leben aus bunten Fischen, Pflanzen und Korallen vor vielen Jahren einmal selbst in der mexikanischen Lagune von Xel-Hà beim Schnorcheln erlebt.[3] Obwohl ich mir als völlig unerfahrener Schnorchler (ohne Sonnenschutzhemd) dabei den Sonnenbrand meines Lebens geholt hatte, werde ich die für mich unvorstellbare Schönheit dieser Wasserwelt niemals vergessen. Der irreversible Verlust dieses Lebensraums wird jedoch voraussichtlich bereits ab zwei Grad Erderhitzung erreicht sein.[4] Um dies zu vermeiden, muss die Emission von Treibhausgasen sehr rasch, und zwar bereits bis zum Jahr 2030 (im Vergleich zu 2019) um fast die Hälfte reduziert werden.[5]

Vor diesem Hintergrund ist die Emissionsminderung von Treibhausgasen mit sehr hohem Erwärmungspotential, allen voran Methan (circa 20-mal wirksamer als CO_2) extrem wichtig. Das bedeutet die weltweite Vermeidung von Erdgasleckagen und die Reduzierung landwirtschaftlicher Methan-Quellen vor allem bei der Rinderhaltung oder beim Reisanbau. Mit einer umfassenden Strategie zur Minderung von Methanemissionen (Global Methane Assessment) ließen sich bis 2045 etwa 0,3 Grad Temperaturerhöhung vermeiden.[6]

Ich persönlich habe eine ganz subjektive Vorliebe bei den Möglichkeiten und Maßnahmen zur schnellen Begrenzung des Klimawandels: Der massive dezentrale und innerhalb von Jahren realisierbare weitere Ausbau photovoltaischer Stromerzeugung. Aber als Nächstes glaube und wette ich auf das mit Abstand wahrscheinlich schnellste Pferd im Stall der Klimaschutzmaßnahmen: das internationale Kapital. Denn je zögerlicher die internationale Staatengemeinschaft die Weichen für den Klimaschutz stellt, umso mehr geraten die Finanzmärkte in den Fokus. Obwohl der Markt für klimaneutrale, nachhaltige Kapitalanlagen zu Beginn der 2020er Jahre noch einen relativ geringen Anteil von nur einigen Prozent hatte,[7] spielt er, zumindest in Deutschland, seit einem Jahrzehnt eine stark wachsende Rolle.[8] Für die Finanzwirtschaft bleibt jedoch im Verbund mit der Politik die glaubhafte Sicherung von Kriterien für nachhaltige Finanzanlagen eine zentrale Aufgabe.

Diese Kriterien sind auf EU-Ebene in der sogenannten Taxonomieverordnung festgeschrieben. Nach langem Tauziehen wurden darin auch Atomkraft und Erdgasaktivitäten als sogenannte »Übergangsaktivitäten« zum Schutz des Klimas für nachhaltig erklärt. Diese Entscheidung ist aus meiner Sicht klimaphysikalisch und auch energietechnisch fragwürdig. Es wird einigen Aufwand erfordern, die Angebote nachhaltiger

Finanzanlagen so mit Inhalten zu füllen, dass Missbrauch glaubhaft verhindert werden kann. Nur so kann es gelingen, das Vertrauen jener wachsenden Gruppe von Investoren zu erhalten, die mit ihrem Geld keine Projekte zur Zerstörung des Weltklimas und der Biosphäre mehr finanzieren wollen. Ihre erste Antwort ist der Ausstieg aus Kapitalanlagen in Kohle-, Öl- und Gaswirtschaft. Auf diese Weise ist die weltweite politisch und medial sehr sichtbare sogenannte Divestment-Bewegung entstanden. Ihr schließen sich zunehmend nicht nur Privatpersonen, sondern auch Kirchen, Hochschulen, Stiftungen und andere institutionelle Anleger an. Auch wenn die direkte wirtschaftliche und klimaphysikalische Wirkung der Divestment-Bewegung mitunter angezweifelt wird, ist diese doch zumindest in allen Investments nach Artikel 9 der Taxonomieverordnung messbar. So sollte sich der Kapitalfluss in nachhaltige, insbesondere klimaneutrale Kapitalanlagen in den kommenden Jahren deutlich verstärken. Auf diesem Weg könnte sich das verfügbare Kapital für klimaschädliche Investitionen verknappen und verteuern. Zudem werden die Schäden durch Treibhausgasemissionen nicht zuletzt aufgrund des immer noch fortschreitenden Klimawandels weiter steigen. Kay Ponitz, ein erfahrener, auf nachhaltige Investitionen spezialisierter Finanzfachmann, hält auch aus diesem Grund den Fluss von aus fossilen Anlagen abgezogenem Kapital für irreversibel und beschrieb mir diesen Effekt in einem Gespräch sehr anschaulich als »Gravitation der Nachhaltigkeitsrisiken.«[9] Gemeint ist, dass genauso wie der von der Gravitation angezogene Apfel vom Baum fällt und nicht wieder den umgekehrten Weg zurück auf den Baum findet, wird Kapital von nachhaltigen Anlagen mit geringeren Risiken angezogen und kehrt nicht wieder zurück zu riskanteren Anlagen.

Ein anderer Aspekt ist die Vermeidung von Nachhaltigkeitsrisiken bei institutionellen Investoren: Investierbar ist nur noch, was nach gesetzlich-politischen Vorgaben (Taxonomieverordnung) entsprechend eingestuft ist.

Die Staatengemeinschaft hat die Aufgabe, die mit diesen Risiken verbundenen und quantifizierbaren Schäden in Form von Abgaben auf Treibhausgasemissionen oder mit Hilfe eines kontrollierten Handels von knappen Emissionszertifikaten zu monetarisieren. Und auch die Zertifikate selbst sind ein mögliches Investment. Je stärker diese finanziellen staatlichen Rahmenbedingungen die Preise an den Märkten bestimmen, umso mehr werden nachhaltige Finanzanlagen nicht nur aus ethischen, sondern vor allem wirtschaftlichen Gründen nachgefragt werden. Allein in Deutschland hat sich zwischen 2010 und 2020 das an Nachhaltigkeitsbedingungen gebundene Investmentkapital mehr als verzehnfacht.[10]

Wiederholt hat Larry Fink, der Vorstandsvorsitzende des weltgrößten Vermögensverwalters BlackRock, die aus meiner Sicht immer wahre Aussage verbreitet, der Klimawandel sei ein Investmentrisiko.[11]

Man kann diese Aussage von einem der international wichtigsten Finanzmanager für authentisch halten oder nicht – feststeht, dass durch eine absehbar steigende nationale und internationale CO_2-Bepreisung Wirtschaftsaktivitäten auf Basis fossiler Energiesysteme Wirtschaftlichkeitsverluste drohen und mittel- und langfristig auch Totalverluste von Fondskapital. Das betrifft vor allem Investitionen in Kohleminen, Kohlekraftwerke, Öl- und Erdgasförderung und die dazugehörige Infrastruktur. Wenn die Anteilseigner der in solchen Branchen platzierten Kapitalanlagen diese finanziell bedrohliche Situation zu spät erkennen, könnte dieses Kapital, wenn es einmal in Panik gerät, zum wahrhaft schnellsten Pferd im Stall der Klimaschutzaktivitäten werden. Dann ginge an den Finanzmärkten der von Greta Thunberg auf dem Weltwirtschaftsforum Davos 2019 ausgesprochene böse Wunsch in Erfüllung: »I want you to panic!«[12]

Gretas glasklare Worte

Eine zentrale Bedingung für die Einhaltung des nationalen Treibhausgasbudgets ist, dass eine hinreichend große Gruppe von Akteurinnen und Akteuren, die in Politik und Wirtschaft eines Landes Verantwortung tragen, diese Transformation zur Dekarbonisierung der Volkswirtschaft in Gang setzen und voll und ganz mittragen. Das wird extrem mühsam werden. Denn jeder, der in einem Unternehmen oder in der Politik Verantwortung getragen hat oder trägt, weiß, dass eine so einschneidende Veränderung wie die Transformation zur Klimaneutralität nur zu erreichen ist, wenn es gelingt, die betroffenen Menschen, und das sind letztlich wir alle, einzubinden und für die Veränderungen zu gewinnen. Das gelingt in der Regel nur durch Ausgleich der Interessen, durch Moderieren zwischen unterschiedlichen Menschen und Meinungen und durch geschicktes Aushandeln von Kompromissen. Wer diese Kunst beherrscht und sich nicht von extremen Positionen vereinnahmen lässt, wer die Dinge nicht nur in Schwarz und Weiß sieht, sondern auch in unterschiedlichen Grautönen, hat nicht nur kurzfristige, durch autoritäre Maßnahmen erzwungene, sondern nachhaltige Erfolge und gilt zu Recht als gute Führungskraft. Für diese Form des modernen Managements habe ich in meiner Zeit als Leiter einer Hochschule und als politischer Lobbyist für die Interessen der Hochschulen für Angewandte Wissenschaften mit Überzeugung gehandelt und geworben.

Umso größer war mein Erschrecken, ja Entsetzen, als mir klar wurde: Diese Strategie, und damit auch meine eigenen Grundsätze, kommen bei der Lösung der Klimakrise an ihre Grenzen – viel schlimmer, sie sind letztlich sogar verfehlt und schädlich. Denn die Klimawissenschaftler haben es allen Politikern und Entscheidungsträgern dieser Welt seit über 30 Jahren auf ihre nüchterne und sachliche Art ja immer wieder mitgeteilt: Die Menschheit ist im Begriff, unserer Biosphäre, unserem Lebensraum, nicht reparablen Schaden zuzufügen und sie in letzter Konsequenz, zumindest in Teilen, unbewohnbar zu machen. Harald Lesch bringt es im Titel seiner ganzheitlichen Abhandlung der Thematik gnadenlos auf den Punkt: »Die Menschheit schafft sich ab.«[13]

Alle früheren Krisen – Kriege, Naturkatastrophen, Epidemien, auch die jüngst vergangene Corona-Krise – konnten und können, wenn auch unter bedeutenden Opfern und großem Leid für viele Menschen, eines Tages überwunden werden.

Klimawandel und Erderhitzung sind grundsätzlich anders: Ohne eine klimaneutrale Welt im Sinne der Beschlüsse der Pariser Klimakonferenz werden sich die Lebensbedingungen auf unserem Planeten mit größter Wahrscheinlichkeit auf Jahrtausende ändern und eine menschliche Zivilisation, wie wir sie kennen, unmöglich machen.

Lösungen zur Begrenzung von Klimawandel und Erderhitzung erfordern Maßnahmen, die zwar möglich, in ihrer Tragweite aber historisch ohne Vorbild sind. Die Strategie von Kompromissen ist für diese Lösungen nicht (mehr) anwendbar. Mit dem Klima, letztlich der Natur,.kann man keine »Deals« aushandeln. Die Natur ist der Boss. Und der ist völlig leidenschaftslos, weder gut noch böse. Aber: Er ist fair und berechenbar. Denn er hat seine Regeln, die Naturgesetze, ihre Zusammenhänge und komplexen Wechselwirkungen, unseren Naturwissenschaftlern zur Erforschung offengelegt. Die waren Gott sei Dank sehr erfolgreich und präsentieren uns seit über 30 Jahren ihre in internationalen Netzwerken erarbeiteten Ergebnisse in steigender Qualität und Zuverlässigkeit.

Wir, die Älteren, Erfahrenen, also Eltern, Großeltern, Führungskräfte, Politiker, Professoren, Unternehmer, Ärzte, Lehrer, Journalisten und viele andere (an dieser Stelle meine ich vor allem uns Männer), wir konnten das alles wissen und danach handeln – wenn wir nur wollten.

Aber so richtig haben ich und mit mir vermutlich viele andere es erst bewusst zur Kenntnis genommen, als ein unscheinbares

16-jähriges Mädchen sich in Stockholm ganz allein vor das Parlamentsgebäude setzte und sich weigerte, am Freitag in die Schule zu gehen. Sie kündigte damit für sich symbolisch den Generationenvertrag. Warum sollte sie lernen und sich auf die zukünftige Sorge für die ältere Generation vorbereiten, wenn die Erwachsenen ihren eigenen Beitrag zum Generationenvertrag, die Sicherung der Umwelt für die Jungen, nicht lieferten? Ganz gleich, wer Greta Thunberg entdeckt oder gefördert und in die öffentliche Wahrnehmung gebracht haben mag – sie steht für die notwendige Botschaft am richtigen Ort und zur richtigen Zeit. Sie hat damit entscheidend zum Erfolg der weltweiten Bewegung Fridays for Future (F4F) beigetragen. (Dieses große Verdienst wird auch durch ihre spätere, aus meiner Sicht unüberlegte, einseitige politische Positionierung im Konflikt zwischen Israelis und Palästinensern nicht ausgelöscht.) In Bezug auf ihr eigentliches und ursprüngliches Thema, den Klimawandel, sind ihre Worte an Einfachheit und Klarheit kaum zu überbieten. So sagte sie den Teilnehmern des Weltwirtschaftsforums in Davos 2019 unter anderem Folgendes:

> »Die Lösung der Klimakrise ist die größte und komplexeste Herausforderung, vor die der Homo sapiens je gestellt war. Die Hauptlösung ist jedoch so simpel, dass selbst ein kleines Kind sie versteht. Wir müssen unsere Treibhausgasemissionen stoppen.
> Und entweder tun wir das oder nicht.
> Ihr sagt, nichts im Leben ist schwarz oder weiß.
> Aber das ist eine Lüge. Eine sehr gefährliche Lüge.
> Entweder wir verhindern eine Erderwärmung um 1,5 Grad, oder wir verhindern sie nicht.
> Entweder wir verhindern, dass eine irreversible Kettenreaktion in Gang gesetzt wird, die sich menschlicher Kontrolle entzieht – oder wir verhindern es nicht.
> Entweder wir entscheiden uns, als Zivilisation weiter zu exis-

tieren, oder wir tun es nicht.

Das ist so schwarz und weiß, wie es nur geht.

Es gibt keine Grauzonen, wenn es ums Überleben geht.«[14]

Mit diesen Worten hat Greta Thunberg mich ganz persönlich in einem meiner innersten Prinzipien, in meinem Weltbild, getroffen. Ich hatte fast täglich im Umgang mit Menschen dafür gekämpft, dass es nicht nur Schwarz und Weiß gibt, sondern fast immer Grauzonen, dass der Weg zu einem konstruktiven und erfolgreichen Miteinander über Verständnis und Kompromisse führt. Das gilt im Umgang mit unterschiedlichen Menschen, beim Brückenbauen zwischen verschiedenen Positionen, das galt in meinem Fall in der Hochschulpolitik, und es gilt in vielen anderen Bereichen, in denen es zwingend ist, Menschen für ein gemeinsames Ziel, eine gemeinsame Aufgabe zu motivieren. Aber beim Klimawandel gibt es tatsächlich keine Grauzone: Es bleibt in der aktuellen Klimakrise nur noch Schwarz oder Weiß, entschiedenes Handeln oder Nichthandeln. Denn »Ich will, dass ihr handelt, als stünde euer Haus in Flammen«, wie Greta Thunberg sagt.[15] Denn unsere Welt brennt tatsächlich, es geht um das Überleben. Kein Mensch geht Kompromisse ein, wenn es unmittelbar um sein Überleben und das Überleben seiner Kinder geht.

Dieser Paradigmenwechsel beim Kampf um die wichtigste Weichenstellung unseres Jahrhunderts kann für alle erfahrenen und vor allem auch erfolgreichen Führungskräfte eine wahrhaft schmerzhafte Erkenntnis sein. Die Kompromisslosigkeit, die der Kampf für das Weltklima erfordert, ist ein Tabubruch für jeden, der in Wirtschaft, Politik und Gesellschaft Verantwortung trägt und sich dabei ernsthaft zu Kooperation und Offenheit bekennt. Es braucht Zeit und vor allem auch eine Menge Mut, diesen Paradigmenwechsel zu akzeptieren, im persönlichen und beruflichen Umfeld zu vertreten und letztendlich auch danach zu handeln.

Diese Aussage mag vor allem für Politiker oder Interessenvertreter, die sich bis zur absoluten Erschöpfung und Selbstausbeutung in nationalen oder internationalen Gremien für Klimaschutz verkämpft haben, wie Traumtänzerei klingen – und das ist sie in der Realität derzeit auch. Dennoch muss auch jedem Klimapolitiker und jeder Klimapolitikerin ganz klar sein, dass es am Ende keine Kompromisse für das Überleben auf unserem Planeten gibt und dass Kompromisse beim Klimaschutz allenfalls taktisch unvermeidbare temporäre Übergangslösungen sein können. Um nicht missverstanden zu werden: Klimapolitik mit CO_2-Preisen von 10 oder 25 Euro pro Tonne, eine überkomplexe, nur noch für wenige durchschaubare Energiegesetzgebung mit demotivierenden Rahmenbedingungen für Investitionen in Solar- und Windkraftanlagen, Steuervorteile für aus Prestigegründen fast nur teure, PS-starke Dienstwagen, oft schwere SUVs, und die hartnäckige Weigerung, Geschwindigkeitsbegrenzungen auf Autobahnen einzuführen – all dies ist (oder war hoffentlich eines Tages) *nicht* Teil einer unvermeidbaren Übergangslösung, sondern die Weigerung, den Ernst der Lage zur Kenntnis zu nehmen.

Wie kann und soll Politik in Zeiten des Klimawandels aber dann ganz konkret aussehen? Politik war seit Bismarck bis zu Angela Merkel immer die Kunst des Möglichen. Dabei kann Politik aber nicht stehen bleiben. Denn: Politik in Zeiten der Erderhitzung ist wieder einmal anders, ganz anders. Die Grenzen des Klimagipfels von Paris sind nicht verhandelbar zugunsten eines politisch möglichen Kompromisses, denn die Natur kennt keine Kompromisse, sie kennt nur die Naturgesetze. Und diese lassen jenseits der 1,5- und erst recht jenseits der 2-Grad-Grenze eine Welt entstehen, in der unsere Kinder und Kindeskinder nur noch schlecht und in vielen Teilen der Erde überhaupt nicht mehr leben können.

Träume von autoritärer Führung, vom »endlich mal auf den Tisch hauen«, vom »Durchregieren« durch einen starken Mann oder im besten Fall einen »wohlwollenden Diktator«, sind natürlich keine Lösungen. Sie beenden Demokratie und Rechtsstaat, führen fast immer nur zu Macht und kurzfristigen Vorteilen für wenige Verantwortungslose und enden im schlimmsten Fall in rechtsfreien Räumen und gesellschaftlichem Chaos.

Die Klimakrise fordert von uns vielmehr einen neuen Führungsstil in Wirtschaft, Politik und Gesellschaft: keine Kompromisse bei der Einhaltung der Pariser Klimagrenzen – und gleichzeitig Solidarität und Teilhabe an den notwendigen Entscheidungen, um die Menschen in den Unternehmen, die Menschen in alle Bereichen der Gesellschaft, mitnehmen zu können.

Träum weiter!

Nein! Es ist leider nur extrem anstrengend, mühsam und in vielen Fällen auch aussichtslos, allen Menschen reinen Wein einzuschenken. Ihnen zu erklären, warum die große Transformation zur Klimaneutralität notwendig ist – und vor allem, dass sie möglich ist. Es gilt zu erklären, dass Politik nicht mehr nur das sein kann, was möglich ist. Klaus Töpfer hat weitergedacht: Er hat den bequemen und wohlfeilen Satz von der Politik als der Kunst des Möglichen umgedreht und erkannt, dass Politik die Kunst ist, das Notwendige möglich zu machen.[16] Aber vielleicht ist dieser Schritt am Ende politisch leichter als gedacht, denn eine Mehrheit der BürgerInnen, vor allem in unserem Land, hat mehr Mut als mancher Politiker und ist längst bereit, diesen Weg zu gehen.

Vier gesellschaftliche Tugenden

Die besondere Dringlichkeit globaler Klimaneutralität, die damit verbundenen Anforderungen und notwendigen Umwälzungen in unseren gesellschaftlichen und persönlichen Umfeldern überfordern im Grunde fast jeden von uns. Und wer überfordert ist, wünscht sich nichts dringlicher, als dass der Alptraum so schnell wie möglich vorbei ist und das Leben wie gewohnt weitergeht. Das nährt den Wunsch nach schnellen Patentlösungen und macht besonders empfänglich für einfache Erklärungen und die Suche nach Schuldigen. Und da im Grunde fast alle Menschen, besonders in den Industriestaaten, an dem Dilemma beteiligt sind, ist die Auswahl an Schuldigen reichhaltig. Schuldzuweisungen sind wohlfeil: Da gibt es vermeintlich untätige, einfältige, machtgeile oder korrupte Politiker, egoistische, verantwortungslose Lobbyisten, Aktionäre, Wirtschaftslenker, Unternehmer, Banker und nicht zuletzt natürlich unzählige private Klimasünder: Vielflieger, Kreuzfahrturlauber, SUV-Fahrer und Grillfleischfetischisten. Sie alle kann man – meist durchaus zu Recht – belehren, maßregeln, moralisch verurteilen, verachten oder gar hassen. Auf diese Weise aber wird viel gesellschaftliche Energie mit Rechthaben, Besserwissen und überschäumender Empörung verschwendet. Gleichzeitig werden unnötige Widerstände provoziert, es wird gesellschaftliches Porzellan zerschlagen, wenig bewirkt und am Ende sind die gesellschaftlichen Gräben noch tiefer. Und das ist so ziemlich das Letzte, was wir zur Lösung des Menschheitsproblems Klimakrise brauchen.

Auch wenn ich kein Gesellschaftswissenschaftler, Politologe und schon gar kein Sozialpsychologe bin, sehe ich doch aus meiner persönlichen Erfahrung und gesellschaftlichen Wahrnehmung vier gesellschaftliche Tugenden, die wir auf dem steinigen und steilen Weg zur klimaneutralen Gesellschaft dringend benötigen:

1. Kooperation als oberstes Gebot

Die Klimakuh bekommt keiner allein vom Eis. Und keiner rettet sich allein. Das sind Gemeinplätze, immer wahre Aussagen, vor allem in der Verpackung der beliebten resignativen Fragestellung »Was kann ich als einzelner denn gegen die Klimakrise tun?«

Greta Thunberg, Stefan Rahmstorf, Harald Lesch oder Robert Habeck, sie alle könnten in der Klimakrise allein nichts bewegen, wären sie nicht eingebunden in Netzwerke, die sie mit Wissen, Daten, Ideen, Kritik, kommunikativer Infrastruktur, Organisation und am Ende wahrscheinlich auch mit psychologischem Beistand unterstützen. Das gilt auf allen Ebenen, im persönlichen, wissenschaftlichen, lokalpolitischen Leben oder bei internationalen Verhandlungen. Die Lösung der Klimakrise braucht die Ideen und das Charisma Einzelner – aber zwingend auch die Kooperation zwischen Menschen, vor allem zwischen Menschen unterschiedlicher Herkunft, Meinung, Kultur und Fähigkeiten.

2. Information zum Klimawandel und Teilhabe an der großen Transformation

Die Coronakrise könnte politische Entscheidungsträger einiges gelehrt haben: Nur eine gut informierte Gesellschaft, der die Sinnhaftigkeit der Hygienemaßnahmen nachvollziehbar erklärt wurde, war bereit, die staatlich verordneten Maßnahmen mitzutragen. Das gelang aufgrund der Notwendigkeit, innerhalb von Tagen und Wochen zu handeln, allerdings nur bedingt. Folglich nutzten politische Trittbrettfahrer die Gunst der Stunde und verbreiteten zusammen mit Coronaleugnern, Impfgegnern und vielen Verunsicherten in der medizinisch unsicheren Faktenlage gezielt Falschinformationen. Sie organisierten als »Spaziergänge« getarnte Demonstrationen und vertieften so die Gräben, die aufgrund der harten staatlichen Maßnahmen durch Familien, Freundeskreise, Arbeitswelten, quer durch die gesamte Gesellschaft, aufbrachen.

In der Klimakrise ist aufgrund der bereits jahrelangen Präsenz des Themas in den Medien und des weitaus solideren Wissensstandes eine wesentlich fundiertere Information möglich als in der Coronapandemie. Doch auch in der Klimakrise waren und sind sachliche Informationen über die Ursachen und vor allem über notwendige Maßnahmen offenbar nicht gut genug. Denn wieder machen teilweise die gleichen politischen Trittbrettfahrer wie in den Wirren der Coronakrise mit gezielt emotionalisierten Parolen Stimmung gegen Klimaschutzmaßnahmen. Die längst überwunden geglaubte Haltung der »Klimaleugnung« oder »Klimaskepsis« verzögert immer noch die Umsetzung der Klimawende in Deutschland.

Ein gesellschaftlich sinnvoller und wahrscheinlich sicherer Weg, um die gesellschaftliche Akzeptanz für Maßnahmen zum Klimaschutz zu erhöhen, wäre eine verstärkte Teilhabe der Bürgerinnen und Bürger an der Entwicklung von Strategien und Maßnahmen für die Transformation zur Klimaneutralität. Erfolgreiche Beispiele dafür sind etwa die in der Regel weit überzeichneten finanziellen Beteiligungen von Bürgerinnen und Bürgern oder Kommunen am finanziellen Ertrag »ihrer« regionalen Windkraftanlagen oder der wirtschaftliche Boom der Balkon-Photovoltaik-Anlagen. Auch wenn im Fall der Balkon-Photovoltaik-Anlagen der energiewirtschaftliche Beitrag noch gering ist, so ist der gesellschaftliche Nutzen, die Bereitschaft, aktiver Teil einer Bürgerbewegung auf dem Weg zur Klimaneutralität zu sein, umso größer und bedeutender, für jeden Beteiligten einfach schön und vor allem rundum sichtbar.

3. Gegenseitige Wertschätzung

Gegenseitige Wertschätzung ist eine weitere Voraussetzung für gelingende gesellschaftliche Kooperation, wie sie zur Lösung der Klimakrise notwendig ist. Mitunter sagt dazu ein negatives Beispiel mehr als viele wohlmeinende Argumente. Ein solches schreckliches Beispiel für mangelnde Wertschätzung und in der Folge für völlig entgleiste gesellschaftliche Kooperation habe ich am Tag der letzten großen Demonstration von Fridays for Future mit rund 40.000 Teilnehmern am 29. September 2019 in München am Informationsstand der Scientists for Future erleben müssen. Für den Nachmittag hatte die Bundesregierung die

Bekanntgabe der Beschlüsse des Klimakabinetts, das sogenannte Klimapaket, angekündigt, und folglich lag über der Menge eine in dieser Gruppe ungewohnt positive, ja fast staatstragende Erwartungshaltung: Jetzt endlich würde die Bundesregierung ihrer Verantwortung gerecht werden und die notwendigen Weichen zur Klimaneutralität stellen!

Gegen 17:00 Uhr dann verbreiteten sich die Nachrichten über die Beschlüsse des völlig unzureichenden »Klimapäckchens« mit viel Mikromanagement und einem absurd niedrigen, wirkungslosen CO_2-Preis von zehn Euro pro Tonne. Man konnte die Frustration und Staatsverdrossenheit vor Ort mit Händen greifen. Auch ich war fassungslos: Die Bundesregierung hatte in diesem Augenblick einer intellektuellen und moralischen Elite junger Menschen, die innerhalb von einem Jahr in einer wahrhaft historischen Leistung eine Weltbewegung zur Lösung der Klimakrise organisiert hatten, auf überhebliche und öffentlich sichtbare Weise ihre Wertschätzung verweigert! Historiker werden vielleicht erst im Rückblick ermessen können, was an diesem Tag mit der deutschen politischen Kultur geschah.

Ich persönlich glaube, dass genau an diesem Tag die Keime für die erst zwei Jahre danach medial und politisch sichtbare Protestbewegung Letzte Generation gesät wurden. Diese von Verzweiflung über die Untätigkeit der Regierenden zum Klimaschutz getragene Bewegung wollte mit spektakulären Aktionen Aufmerksamkeit für ihre Anliegen erzeugen. Verkehrsblockaden durch persönliches Festkleben an Straßen und Autobahnen oder (wenn auch potentiell reversibles) Beschmieren von allgemein wertgeschätzten Kulturgütern (Brandenburger Tor, berühmte Gemälde in Museen) vertieften jedoch vor allem die gesellschaftlichen Gräben zwischen Klimabewegten und konservativ bürgerlichen Kreisen und erreichten so aus meiner Sicht weitgehend das Gegenteil von gegenseitiger Wertschätzung und der Bereitschaft zur politischen Kooperation für Klimaschutz. Ich war in persönlichen Gesprächen oft deprimiert.

wie wenig Verständnis auch differenziert denkende, politisch gebildete Menschen aus meinem Freundeskreis für die nackte Verzweiflung der Aktivisten der Letzten Generation hatten. So ein langjähriger väterlicher Kollege und Physiker oder eine hocherfahrene sozial engagierte Psychotherapeutin – zusammen mit vielen wertkonservativen Menschen hielten sie die »Klimakleber« für mehr oder weniger kriminell. Und genauso wurden viele auch von der Justiz behandelt.

4. Achtsamkeit im Umgang miteinander

Auch wenn Politik, Wirtschaft und private Verbraucher entschlossen Strategien zum Erreichen der Klimaneutralität entwickeln und umzusetzen beginnen, werden die Auswirkungen der Klimakrise für uns alle in den 20er und 30er Jahren immer deutlicher und fühlbarer werden: Wetterextreme mit Dürren, ausgedehnte Waldbrände auch in unserem Land, Stürme, Überschwemmungen, schaurige Bilder und Vorhersagen über schmelzendes Grönlandeis und, und, und.

Vergleichbar mit der Coronakrise wird die Klimakrise tief in den Arbeits- und Familienalltag eindringen (und tut es schon jetzt). Wirtschaftsbranchen, die auf fossile Energieträger, Verbrennungsprozesse und ihre Anwendung in Verkehr und Energieversorgung aufbauen, werden sich wandeln oder weichen müssen. Dagegen haben schnell wachsende Branchen im Umfeld erneuerbarer Energien und Digitalisierung auch international große Chancen. Über diesen Strukturwandel, die damit verbundenen Maßnahmen und vor allem dessen Finanzierung wird politisch gestritten werden müssen. Populistische Parteien und Gruppierungen werden Sturm laufen gegen die Demontage gut funktionierender fossiler Infrastrukturen, werden ihre Chancen in der großen Gruppe von Orientierungslosen und Verlierern suchen und finden. Aller Voraussicht nach werden noch mehr Klimaflüchtlinge, vor allem aus Afrika, zu uns kommen und unser Gewissen und damit unsere Gesellschaft und

Politik auf eine harte Probe stellen. Viele Eltern werden auf die Fragen ihrer Kinder zu deren Zukunft nach Antworten suchen.

Ganz gleich, wann wir das gelobte Land der Klimaneutralität und der Zukunftsfähigkeit menschlicher Gesellschaften erreicht haben werden – bis dahin werden wir in einer Gesellschaft im Umbruch leben. Das bedeutet nicht nur großen Stress, Unsicherheit und Ängste, sondern auch Aufbruchsstimmung und Hoffnungen auf eine gute, nachhaltige Zukunft. Alles in allem werden wir in einer zunehmend von starken Emotionen bewegten, aufgerüttelten und aufgemischten Gesellschaft leben. Das müssen wir und unsere Kinder und Kindeskinder aushalten. In Psychologie und Soziologie spricht man in diesem Zusammenhang gern von Resilienz. Ich kannte den Begriff bis vor einigen Jahren überhaupt nicht, vielleicht mag ich ihn daher bis heute nicht. Physiker, auch wenn sie mitunter alles (glauben zu) können, haben mit solchen geisteswissenschaftlichen Begrifflichkeiten oft ihre liebe Not. Auf jeden Fall geht es dabei um eine wie auch immer geartete und erworbene psychische und vielleicht auch gesellschaftliche Widerstandsfähigkeit. Und persönliche Widerstandsfähigkeit ist in diesen bewegten Zeiten sicher sehr wertvoll. Mir liegt eine aktive, emphatische Strategie im Umgang miteinander, wie sie der Begriff Achtsamkeit beschreibt, näher. Achtsamkeit hat mit Verständnis für die Situation meiner Mitmenschen zu tun – vielleicht auch mit denen, die einen nicht so guten Schutzmantel der Resilienz tragen. Denn wenn ich in einer schwierigen Lebenssituation von Menschen umgeben bin, die mich verstehen und die mir mit Achtsamkeit begegnen, gibt mir das Kraft. Und diese Kraft brauchen wir alle in der großen Transformation.

Ein historisches Privileg

Aus der Geschichte kann man lernen – mit diesem Argument haben Geschichtslehrerinnen und Geschichtslehrer versucht, Generationen unwilliger pubertierender Schülerinnen und Schüler von der Sinnhaftigkeit des Geschichtsunterrichts zu überzeugen. Zumindest aus der Erfahrung meiner Schulzeit war das vergebens. Wir sitzen heute mit der Klimakrise aber so tief in der Tinte, dass wir am Ende dennoch bereit sein könnten, es mit der Weisheit alter Lehrer zu versuchen, die ich oft nur in ihren Schrullen und Anekdoten erinnere. Menschheitskrisen, vor allem Kriege und Hungersnöte, gab es in der Geschichte schließlich genug. Eine dieser Krisen aber macht mich mit Blick auf die aktuelle Krise des menschgemachten Klimawandels etwas verlegen und hat mich zum Nachdenken gebracht: die Pestepidemien des 14. Jahrhunderts.[17]

Sie kamen mit zwei genuesischen Handelsschiffen mit toten und kranken Seeleuten 1347 im Hafen von Messina auf Sizilien an. Die Kranken hatten grausige Schwellungen von der Größe eines Hühnereis, litten entsetzliche Schmerzen und starben fast alle innerhalb von Tagen. Die Seuche war hochansteckend und verbreitete sich in den folgenden Jahren über ganz Europa. Die Menschen glaubten damals, das Ende der Welt sei gekommen. In Europa starb ein Drittel der Menschen, in Paris die Hälfte und in Venedig zwei Drittel der Einwohner.

Der Vergleich zwischen Klimakrise und Pestepidemien ist natürlich gewagt, aber dennoch lehrreich: Die Menschen des 14. Jahrhunderts – auch die zu jener Zeit bereits in vielen Bereichen durchaus kundigen Ärzte – kannten weder die Ursache der Krankheit noch wussten sie ein Gegenmittel. Und dazu kam: Die meisten Menschen waren arm. Heute sind wir beim Klimawandel in einer ungleich komfortableren Lage: Wir kennen die Ursache sehr genau, wissen detailliert, was dagegen zu tun wäre und sind wohlhabend genug, es auch tun zu können.

Das gibt mir zu denken.

Kapitel 5
Die Geister in der Flasche

CO_2 einfangen mit moderner Technik?

Es klingt wirklich verführerisch: Wir müssten unseren Lebensstil und unsere Politik in der Klimakrise gar nicht grundsätzlich ändern, wenn wir sie nur endlich herauslassen würden aus der Flasche, die fabelhaften Geister der Technik: Überschüssiges CO_2 könnte doch mit technischen Mitteln ganz einfach aus der Atmosphäre gefiltert werden.

Ich gestehe: Ich habe seit meiner Studienzeit ein recht vertrauensvolles Verhältnis zu den Geistern der Technik gepflegt. Naturwissenschaft und Technik haben mich immer begeistert, sei es bei der unmittelbaren Sichtbarkeit und Schönheit von Naturgesetzen in der Form von Kristallen, in der Perfektion und Leistung eines flüsternden Sechszylinders, in der Schönheit und Eleganz des Überschalljets Concorde oder in der Leistung großer Photovoltaikmodule, die still in der Sonne liegen und einfach nur Strom produzieren. Ich kann es keinem Menschen verdenken, wenn er in der Klimakrise sein Heil in der Technik sucht und, wie Peter Altmaier, »auf die Genialität unserer Ingenieure« setzt.

Und die Ingenieure haben ja auch geliefert: Was liegt zum Beispiel näher, als aus den Rauchgasen, vor allem der Kohlekraftwerke, das konzentriert austretende CO_2 auszufiltern und zu sichern, das heißt mindestens für Jahrhunderte oder gar Jahrtausende einzulagern? Das sollte auch großtechnisch machbar sein und nennt sich CCS (Carbon Capture and Storage).[1] Dass der Wirkungsgrad des Kraftwerks dadurch um etwa zehn Prozent reduziert wird, wäre noch zu verschmerzen, wären da nicht die Kosten, Gefahren und folglich mangelnde Akzeptanz in der Bevölkerung für die Einlagerung des klimaschädlichen Gases. Dabei könnten leere Erdgasfelder, zum Beispiel unter der Nordsee, die ja schließlich über Jahrmillionen Erdgas sicher eingeschlossen haben, gut als Lagerstätten genutzt werden. Ob allerdings die schon heute gegenüber Strom aus Wind und Sonne in der Kostenklemme steckenden Kohlekraftwerke einen Betrieb unter diesen erschwerten Bedingungen rein wirtschaftlich überleben würden, kann bezweifelt werden.

Andererseits ist CO_2 schließlich auch ein Wertstoff für die chemische Industrie und könnte, wenn auch unter großem Energieeinsatz, zum Beispiel zur Herstellung von E-Fuels, klimaneutraler synthetischer Kraftstoffe (für Lkws, Schiffe und Flugzeuge) genutzt werden. In diesem Fall spricht man von CCU (Carbon Capture and Utilization).

Letztlich geht es jedoch vor allem darum, nicht nur den Anstieg des CO_2-Gehalts in der Atmosphäre zu verhindern, sondern, ihn aktiv zu reduzieren. Wenn ein solches Verfahren klimawirksam sein soll, muss es vor allem auf globales Niveau skalierbar sein. Das funktioniert wahrscheinlich nur mit den Mitteln der Natur – zum Beispiel mit der globalen Anpflanzung von Energiepflanzen, die besonders schnell und viel CO_2 aus der Atmosphäre aufnehmen. Die getrockneten Pflanzen liefern dann den Brennstoff für thermische Kraftwerke, welche die Sicherung und Entsorgung des CO_2 ermöglichen könnten. Dieses Verfahren firmiert unter dem Kürzel BECCS (Bioenergy with Carbon Capture and Storage) und erfreut sich auch unter Klimawissenschaftlern einer gewissen Beliebtheit. Ein Nachteil sind die negativen Auswirkungen auf die Biodiversität in den Plantagen, die potentielle Konkurrenz zur Nahrungsmittelerzeugung, mögliche soziale Konflikte mit etablierten Landnutzern und letztlich das CO_2-Speicherproblem.

Das Herz aller Hersteller von Großanlagen höher schlagen lässt das technische Konzept des DAC (Direct Air Capture).[2] Die dazu notwendigen Anlagen entsprechen genau den

Vorstellungen eines Technikliebhabers im Angesicht eines »Verschmutzungsproblems«: Riesige »Staubsauger«, mit denen CO_2 einfach aus der Atmosphäre gesaugt wird. Das gewonnene Kohlendioxid kann entweder wiederum für die Herstellung synthetischer Kraftstoffe genutzt werden oder wird in einem geeigneten Verfahren unterirdisch gelagert.

Die bei solchen ingenieurwissenschaftlichen Themen hochkompetente Technische Hochschule Aachen (RWTH) hat offenbar in Anbetracht der hohen potentiellen Bedeutung der DAC-Technologie eines Schweizer Unternehmens eine Stellungnahme abgegeben: Sie bestätigt darin die Erreichbarkeit hoher Effizienz der DAC-Technik bei der CO_2-Abscheidung – allerdings, so der Originaltext: »Gleichzeitig werden Energie und Materialien benötigt, deren Erzeugung und Produktion zu indirekten CO_2-Emissionen und anderen Umweltauswirkungen führen. Der Gesamtnutzen von DAC für die Umwelt ist daher unklar.«[3]

Die einschlägigen Verfahren der CO_2-Abscheidung sind in einer Stellungnahme der Scientists for Future gut lesbar in den relevanten Aspekten zusammengefasst.[4] Ich bin der Meinung, alle diese Verfahren verdienen die Chance, in Forschung und Entwicklung weiter verfolgt zu werden, vorausgesetzt, sie erheben nicht den Anspruch, als einzig realistische Ansätze die Klimakrise lösen zu können, um dann auf unklarer Basis in fahrlässiger Weise begrenzte Mittel zu beanspruchen. Die vage Hoffnung, die mit CO_2 überfüllte Atmosphäre mit großtechnischen Verfahren eines Tages sanieren zu können, ändert jedoch nichts daran, dass als allererste Priorität die Nullemission von Klimagasen bis spätestens Mitte dieses Jahrhunderts erreicht sein sollte.

Kernenergie als CO_2-freier Retter in der Not?

Um beim Thema Kernenergie bei meinen Leserinnen und Lesern nicht gleich in der falschen Schublade zu landen: Ich gehöre nicht zur Fraktion derer, die es schon immer genau wussten und in ihren jungen Jahren mit dem rot-gelben Button »Atomenergie – nein danke!« auf der Fahrradtasche oder auf dem spritschluckenden VW-Bully herumfuhren. Vielmehr stellte mich das Thema Kernenergie vor über 20 Jahren als frisch gewählter Rektor der Hochschule Ulm und bekennender Technologiefan vor eine erste konfliktgeladene Entscheidung: Was tun mit dem Siemens-Unterrichtsreaktor der Hochschule, einem der wenigen in der deutschen Hochschullandschaft übrig gebliebenen? Entsorgen oder für die Lehre und Weiterbildung funktionsfähig erhalten?

Als Physiker konnte ich nicht einfach ein für unsere Hochschule so einzigartiges und wertvolles Gerät entsorgen lassen. Die Hochschulgremien folgten meiner Argumentation und entschieden sich am Ende für den Erhalt. Diese Entscheidung halte ich auch rückblickend immer noch für richtig, und ich würde heute in gleicher Weise handeln.

Ich wollte damit einen Beitrag dazu leisten, Wissen, technisches Know-how und praktische Anschauung für die Themen Kernenergie und Strahlenschutz in den Generationen junger Ingenieure und Ingenieurinnen zu erhalten. Wie wichtig dies war oder vielmehr gewesen wäre, habe ich in den vergangenen Jahren im Umfeld junger Klimaaktivistinnen und Klimaaktivisten erlebt. So zum Beispiel am Informationsstand der Scientists for Future bei einer der letzten Großdemonstrationen von Fridays for Future in München, als eine junge Aktivistin aufgeregt zu unserem Stand kam und fragte: »Hat jemand von euch Ahnung von Atomenergie?« Da draußen gäbe es einen, der verbreitete, dass es ja jetzt ganz neue, kleine und harmlose Atomreaktoren gäbe, die nur mit radioaktiven Abfällen betrieben werden könnten und praktische kein Endlager mehr benötigten …

Bei anderen Anlässen musste ich jungen Profis der Solarenergieszene den Unterschied zwischen Leichtwasserreaktor und Schnellem Brüter erklären oder warum ein Reaktor auch nach Abschaltung zwingend noch mehrere Tage lang aktive Kühlung benötigt – oder was Isotope sind und was es überhaupt mit den Plutoniumisotopen auf sich hat.

Kernenergie ist ein weiterer jener Geister aus der Flasche, der immer wieder besonders laut und heftig auf sich aufmerksam macht und herausgelassen werden will. Seit ihrer Entdeckung durch deutsche Wissenschaftler fasziniert und erschreckt sie uns Menschen, und das wird wohl auch immer so bleiben. Auch ich konnte mich der Faszination für die Kernenergie nicht entziehen und habe in meiner Energiewirtschaftsvorlesung immer mit technischer Begeisterung eine Einführung dazu gegeben. Bei Exkursionen mit Studierenden konnte ich die technische Perfektion des Kernkraftwerks Gundremmingen bei Ulm erleben – und auch das hohe Verantwortungsbewusstsein der Fachleute vor Ort.

Mir waren die Risiken der Kernenergie, vor allem nach der Kernschmelze von Tschernobyl, durchaus bewusst, aber als Energiewirtschaftler war ich dennoch zu der Überzeugung gekommen, es sei aus wirtschaftlichen Gründen geboten, unsere deutschen Kernkraftwerke mit ihrem vergleichsweise hohen Sicherheitsstandard bis zum Ende ihrer Laufzeit zu nutzen. Gerade als Verfechter der Solarenergienutzung war ich der Ansicht, mit diesen abgeschriebenen Kraftwerken sollte zumindest noch ein Teil der notwendigen Mittel für die Energiewende zu erneuerbaren Energien erwirtschaftet werden. Mit dieser Meinung hatte ich selbst im engsten Familienkreis meine liebe Not, ja, es gab darüber sehr ernste Auseinandersetzungen, die mir persönlich schon nahegingen.

Mit der Katastrophe von Fukushima dann brach jedoch diese Weltsicht für mich zusammen. Ich sah auf den Fernsehbildern die Rauchwolken über den Reaktoren und konnte es einfach nicht fassen. Das war in Japan geschehen, nicht in Russland oder irgendeiner Bananenrepublik! Ich hatte in einem europäischen Unternehmen als technisch Zuständiger für die Entwicklung von Produktionsverfahren für großflächige Photovoltaikmodule aus dünnen Halbleiterschichten jahrelang unter der unerreichbaren Perfektion japanischer Konkurrenten wie Sanyo gelitten. Die Japaner machten sich geradezu einen Spaß daraus, uns armen europäischen Halbleiterdilettanten Weihnachtskarten mit Jahr für Jahr immer größeren Photovoltaikmodulen aus ihrer Fertigung zu senden. Zum Größenvergleich wurden die Module immer von einer sehr ansehnlichen jungen Japanerin gehalten. Mein französischer Kollege verlor auch dabei nicht seinen Humor und behauptete, die würden jedes Jahr eine immer noch kleinere Japanerin als Model für die Weihnachtskarten aussuchen, um uns über die Größe ihrer Module zu täuschen …

Aber nun das: Die Rauchwolken über Fukushima, das war nicht mehr lustig. Selbst die Japaner, für mich damals die Götter technischer Perfektion und Disziplin, waren offenbar nicht in der Lage, die Risiken der Kernenergienutzung zu beherrschen. Das war zu viel, nicht nur für mich, sondern auch für viele bekennende Hardcore-Kernenergie-Befürworter aus dem christlichen Parteienspektrum. Und Deutschland, unter der Kanzlerschaft von Angela Merkel, beschloss daher bekanntlich kurzerhand den endgültigen Ausstieg aus der Kernenergie.

Mehr als zehn Jahre sind seitdem vergangen. Das Leid und die Verluste der über 150.000 aus der 20- bis 30-Kilometer-Zone um die Reaktoren evakuierten Menschen geraten zunehmend in Vergessenheit, und Japan ist weit weg. Die Betreiber konnten es daher wagen, das in Tausenden von Behältern gelagerte radioaktive Kühlwasser aus Platzmangel 2023 verdünnt im Pazifik zu verklappen. Die Proteste der internationalen Staatengemeinschaft hielten sich am Ende in Grenzen, und ob in den Anrainerstaaten die Lust am Fischverzehr gelitten hat, weiß ich nicht.

Mittlerweile haben viele Fukushima vergessen. Das Wissen um Kernenergie, die Technologie von Kernreaktoren und Kernwaffen ist bei vielen Menschen, auch Entscheidungsträgern und Multiplikatoren, nicht oder kaum mehr in ausreichendem Maße vorhanden. Lobbyisten und Technologieverliebte können daher angesichts der Klimakrise den Neubau von Kernkraftwerken als CO_2-freie Technologien wieder ganz ungeniert bewerben.

Zu einem der publikumswirksamsten Lobbyisten für Kernenergie wurde Bill Gates, der ganz freimütig und im Vertrauen auf die Wirkung seines philanthropen Engagements zugibt, dass er finanziell an einem Unternehmen zur Entwicklung innovativer Kernreaktoren beteiligt ist.[5] Dabei weiß kaum jemand, was man sich unter dem von ihm propagierten Travelling Wave Reactor (TWR, Laufwellenreaktor) genau vorzustellen hat.

Vor diesem Hintergrund fasse ich im folgenden Exkurs für Interessierte nochmals einige zentrale physikalisch-technische Grundlagen zur energiewirtschaftlich relevanten Kernenergienutzung zusammen. Wer sich damit schon auskennt, kann ihn überblättern.

Exkurs: Zentrale Prozesse, Technologien und Begriffe der Kernenergienutzung

Kommerzielle Kernreaktoren nutzen die bei der Spaltung von Uran- oder Plutoniumkernen freiwerdende Energie. Anschaulich gesprochen werden die schweren Atomkerne durch Aufnahme eines zusätzlichen Teilchens, eines Neutrons, instabil wie ein Wassertropfen, der ab einer bestimmten Größe von der Oberflächenspannung nicht mehr zusammengehalten werden kann und zerfällt.

Diese Kernspaltung benötigt bei den bei uns eingesetzten Reaktoren thermische Neutronen, die von einem sogenannten Moderator, in der Regel Wasser, auf niedrige Energie abgebremst wurden.

Um die Energie aus der Kernspaltung nutzen zu können, muss mindestens eines der bei jeder Kernspaltung freiwerdenden Neutronen wieder von einem weiteren Kern eingefangen werden und diesen spalten. Auf diese Weise wird eine nukleare Kettenreaktion in Gang gesetzt. Das wiederum ist nur möglich, wenn eine ausreichende Menge an spaltbarem Material in geeigneter Konzentration und geometrischer Anordnung im Reaktor vorliegt – die sogenannte »kritische Masse« des spaltbaren Materials.

Schließlich muss die im Reaktor durch Kernspaltung gewonnene Energie abgeführt und in den Dampfkreislauf der Kraftwerksturbinen eingespeist werden. Dazu dient als Kühlmittel in der Regel Wasser, in anderen Reaktortypen auch flüssiges Natrium oder ein stabiles Gas, zum Beispiel CO_2. Aktive Kühlung der Brennelemente eines kommerziellen Leichtwasserreaktors ist auch nach Abschalten des Reaktors über mehrere Tage noch absolut notwendig, um die sogenannte Nachzerfallswärme oder Nachwärme abzuführen, die beim Zerfall kurzlebiger Spaltprodukte entsteht. Noch einige Stunden nach Abschalten eines Reaktors liegt diese in der Größenordnung von einem Prozent der thermischen Leistung des Reaktors (bei einem typischen deutschen Reaktor mit 1.200 Megawatt elektrischer und rund 3.800 Megawatt thermischer Leistung sind das rund 20 bis 40 Megawatt Nachwärmeleistung).

Unsere deutschen sogenannten Leichtwasserreaktoren nutzen als Brennstoff in der Regel Uran und als Kühlmittel und Moderator Wasser. Das ist derzeit der vergleichsweise einfachste und sicherste Weg zur Kernenergienutzung. Diese Sicherheit hat allerdings ihren Preis: Das in natürlichen Lagerstätten gewonnene Natururan enthält nur 0,7 Prozent spaltbares Uran, das 235 Kernbausteine enthält, das sogenannte Uran 235. Damit eine kritische Masse erreicht werden kann, muss die Konzentration von Uran 235 im Brennelement auf drei bis vier Prozent angereichert werden. Diese Urananreicherung ist ein wichtiger und nicht ganz einfacher technologischer Schritt, der den Zugang zur Kernenergie und auch zur Kernwaffenherstellung erschwert. Die Nutzung des Rohstoffs Uran ist also in einer allein auf Leichtwasserreaktoren beruhenden Nuklearwirtschaft extrem gering: Über 99 Prozent des Natururans bleiben ungenutzt. Entsprechend groß ist die Menge radioaktiven Abfalls in Form von abgebrannten Uran-Brennelementen, die, in welcher Form und Grad der Aufbereitung auch immer, endgelagert werden müssen. Die Reichweite der in Leichtwasserreaktoren genutzten und wirtschaftlich förderbaren Uranvorräte ist sehr schwierig und nur mit großer Unsicherheit zu bestimmen. Sie ist stark abhängig vom weiteren Ausbau und den Technologien der Kernenergienutzung und dem Grad von Wiederaufbereitung. Sie liegt in der Größenordnung von 100 Jahren. Nicht berücksichtigt sind dabei unkonventionelle Ressourcen wie praktisch unbegrenzte, aber bislang nicht nutzbare Mengen von Uran im Meerwasser.

Den wahren Reiz und ein Potential der Kernenergienutzung über mehr als 1000 Jahre eröffnet schließlich die Plutoniumwirtschaft.

Plutonium kommt in der Natur nur in geringsten Mengen vor, in technisch nutzbaren Mengen fällt es in unseren Leichtwasserreaktoren an. In sogenannten Brutreaktoren (Schnelle Brüter) kann dann Natururan durch den Beschuss mit schnellen, also nicht durch einen Moderator abgebremsten Neutronen in Plutonium umgewandelt werden. Dieses Plutonium mit 239 Kernbausteinen (Plutonium 239) lässt sich nach der Abtrennung in einer Wiederaufbereitungsanlage wie Uran 235 unter anderem in konventionellen Leichtwasserreaktoren wiederverwenden. In einer Plutoniumwirtschaft ließe sich mit Hilfe von Brutreaktoren der Nutzungsgrad des Natururans um rund einen Faktor 50 erhöhen. Der technologische Traum der Plutoniumwirtschaft scheiterte bislang allerdings weltweit an den technischen Schwierigkeiten und immensen Kosten. Allein der Einsatz von flüssigem (!) Natrium als Kühlmittel lässt eigentlich schon jeden erschaudern, der Chemieunterricht gehabt hat und dem mangels Interesse an dem sperrigen Thema nur noch die vehemente Reaktion von metallischem Natrium mit Wasser in Erinnerung geblieben ist. Sogar mein französischer Kollege, dem als hochkompetenter Professor der École Polytechnique eigentlich vor nichts Technischem graute, wurde angesichts eines Störfalls mit flüssigem Natrium im französischen Brutreaktor Superphénix sichtlich nervös. In Deutschland ging der Schnelle Brüter in Kalkar nie in Betrieb und wurde 1991 endgültig stillgelegt. Die für einen Plutoniumkreislauf ebenfalls notwendige Wiederaufbereitungsanlage in Wackersdorf spaltete unser Land in nie dagewesener Weise und bleibt wahrscheinlich ein lebenslanges politisches Trauma für alle an den erbitterten Protesten beteiligten oder von ihnen betroffenen Bürger unseres Landes.

Eine besondere Schärfe erhielt die Debatte und der Kampf um die Wiederaufbereitungsanlage, den Schnellen Brüter und letztlich die gesamte Plutoniumwirtschaft durch zwei sehr problematische Eigenschaften des spaltbaren Plutoniums 239:

Erstens: Plutonium 239 hat eine sehr geringe kritische Masse von rund zehn Kilogramm und ist daher in besonderer Weise kernwaffentauglich: Die zweite jemals abgeworfene Atombombe war mit Plutonium 239 gefüllt und wurde am 9. August 1945 auf die japanische Stadt Nagasaki abgeworfen. Es starben 36.000 Menschen sofort und weitere 40.000 Menschen qualvoll an den Strahlenschäden nach Tagen und Wochen.

Zweitens: Plutonium 239 ist radioaktiv, mit einer extrem langen Halbwertszeit von 24.110 Jahren. Das heißt, nach 24.110 Jahren ist erst die Hälfte des Materials zerfallen! Hätten die alten Ägypter vor über 4.000 Jahren also Plutoniumwirtschaft betrieben und hätten es zum Beispiel in einem unterirdischen Pyramidengang versteckt, dann wäre das damals entstandene Plutonium heute nur zu einem Bruchteil zerfallen und für »Interessenten« heute immer noch nutzbar, zum Beispiel zur Herstellung von Kernwaffen. Sicherheitstechnisch gilt ein radioaktives Material nach zehn Halbwertszeiten als unbedenklich. Das heißt, ein Endlager für Plutonium-239-haltige radioaktive Abfälle sollte für über 200.000 Jahre sicher sein. Zum Vergleich: Die Menschheit begann etwa vor rund 10.000 Jahren damit, sesshaft zu werden, Landwirtschaft zu betreiben und Städte zu bauen.

3:0 gegen Kernenergie

Kurz- und mittelfristig sprechen drei Argumente eindeutig gegen einen weiteren Einsatz von Kernenergie zur Linderung oder

gar Lösung der klimaphysikalischen energiewirtschaftlichen Probleme:

- Kernenergie ist zu alt und zu langsam,
- Kernenergie ist zu teuer und
- Kernenergie ist zu gefährlich.

Kernenergie ist zu alt und zu langsam

Die je nach Zählung rund 440 betriebsfähigen Kernkraftwerke weltweit lieferten zu Beginn der 20er Jahre global etwa zehn Prozent der pro Jahr benötigten elektrischen Energie. Der größte Teil der Anlagen nähert sich dem Ende ihrer Laufzeit von etwa 40 Jahren. Allein um den Status quo der Stromproduktion aus Kernenergie aufrechtzuerhalten, müsste folglich in den nächsten Jahren ein großer Teil der alten Reaktoren ersetzt oder zumindest ertüchtigt werden. Als Ersatz dürften allerdings die weltweit circa 50 im Bau befindlichen Kernkraftwerke, davon über die Hälfte in China, Indien und Russland, bei Weitem nicht ausreichen.

Um einen entscheidenden Beitrag zur Klimaneutralität zu leisten, müsste die Zahl der Kernkraftwerke weltweit vervielfacht werden. Doch selbst wenn ein solcher massiver Ausbau langfristig gelänge, könnte Kernenergie uns in der Klimakrise nicht retten. Denn auch bei den erprobten Leichtwasserreaktoren dauern Planung und Bau etwa 15 bis 20 Jahre. Innerhalb der zur Begrenzung der Klimakrise entscheidenden kommenden 10 bis 20 Jahre kann Kernenergie also keine entscheidende Rolle spielen. Kernenergie käme einfach zu spät.

Und dies gilt einmal mehr für innovative Reaktortypen einschließlich der technologisch extrem anspruchsvollen Varianten zur kontrollierten Kernfusion (dem Sonnenprozess) und auch für die Gruppe der kleinen modularen Reaktoren (Small Modular Reactors, SMRs). Zu dieser Gruppe gehört übrigens auch der von Bill Gates propagierte sogenannte Laufwellenreaktor (TWR), von dem noch nicht einmal ein funktionierender Prototyp, geschweige denn ein marktfähiges Produkt existiert.

Ich habe zweimal in Unternehmen den Weg von innovativer Idee, Entwicklung, Konstruktion und Prototyp bis hin zu einem (fast) marktfähigen Produkt mitgestaltet, durchlitten und um die Finanzierung gezittert. Ich habe zumindest in Ansätzen erlebt, was dieser Weg bedeutet. In dem einen Fall ging es um Solarmodule, in dem anderen um einen Greifer für Containerkräne. Bei den SMRs, insbesondere der TWR von Bill Gates, handelt es sich dagegen um ein um Größenordnungen komplexeres Produkt mit den für die Kerntechnik typischen schwindelerregenden sicherheitstechnischen Anforderungen. Wenn überhaupt, kann ein solcher in Stückzahlen von mehreren Tausenden zu fertigender kleiner Reaktor also erst in mehreren Jahrzehnten auf dem Markt verfügbar sein.

Kernenergie ist zu teuer

Dass Kernenergie in Kraftwerksneubauten zu teuer ist, darüber besteht in der Energiewirtschaft Konsens. Allein die Versicherungsprämien für Haftpflichtversicherungen, die auch Schäden eines GAUs (größter anzunehmender Unfall wie in Fukushima oder Tschernobyl) abdecken, wären unbezahlbar. Der ehrenwerte Vorstoß des ehemaligen EU-Energiekommissars Günther Oettinger zu einer verbindlichen Haftpflichtversicherung für Kernkraftwerke in der EU in ausreichender Höhe ist offenbar im Sande verlaufen. Allein die Schäden des GAUs in Fukushima werden auf mehrere 100 Milliarden Euro geschätzt und liegen damit in der Größenordnung des deutschen Bundeshaushaltes. Kernkraftwerke sind offensichtlich nicht versicherbar. Das Unfallrisiko kann nur auf die Allgemeinheit und zusätzlich – wie leider so oft – auf die direkt Geschädigten abgewälzt werden. Und ob die finanziellen Rücklagen für ein erforderliches nukleares Endlager ausreichen, weiß keiner mit Sicherheit.

Auch unter einseitig markwirtschaftlicher Betrachtung sind die Kosten ernüchternd, wie das Beispiel eines der modernsten Reaktorneubauten, Hinkley Point C in England, zeigt: Die Investoren waren erst dann bereit, den Bau zu beginnen, als der britische Staat eine Stromabnahme zu elf Cent pro Kilowattstunde (Basis 2012) zuzüglich Inflationsausgleich für einen Zeitraum von 35(!) Jahren zusicherte. Der damalige EU-Kommissar Oettinger bezeichnete diese staatliche Förderung seinerzeit als »sowjetisch«. Ob es gelingen könnte, auch ohne massive staatliche Garantien Investoren für weltweit über 1000 neue Kernkraftwerke zu gewinnen, bleibt fraglich.

Kernenergie ist zu gefährlich

Nach wie vor bestehen die seit Jahrzehnten ungelösten Probleme der Sicherung von Zwischenlagern abgebrannter Brennelemente, und von nach wie vor fehlenden nuklearen Endlagern – Endlager, die über mehr als 200.000 Jahre hinweg geologisch stabil und gegen Missbrauch gesichert sein müssen.

Der Ukrainekrieg hat die weitgehend verdrängten Gefahren bewusstgemacht, die außer von Naturkatastrophen, Flugzeugabstürzen oder technischen Fehlern von Kernkraftwerken und Zwischenlagern von kriegerischen oder terroristischen Konflikten ausgehen. Dabei kann es sich um gezielte Angriffe handeln oder »nur« um Störungen der Infrastruktur (zum Beispiel der Stromversorgung) oder um den Ausfall von geschultem Personal. Der unter diesen Bedingungen zeitweise nicht mehr zu überwachende Sarkophag von Tschernobyl geriet so erneut in die Schlagzeilen. Insbesondere beim Szenario eines Netzes Tausender über die Welt verteilter, kleiner, gut transportabler und damit auch vergleichsweise leicht zu entwendender modularer Atomreaktoren (SMRs) liegen die Gefahren im Kriegs- oder Krisenfall auf der Hand: terroristischer oder militärischer Missbrauch des radioaktiven Inventars auf einfache Weise für »schmutzige« nukleare Waffen oder Erpressungen.

Zusammengefasst bedeutet dies: Für die Lösung der Klimakrise kommt Kernenergie, in welcher Form auch immer, zu spät. Kernreaktoren benötigen zum Bau und Betrieb nach wie vor massive staatliche Hilfen. Kernreaktoren, Zwischen- und eines Tages auch Endlager für nukleare Abfälle bergen auch bei hervorragender Sicherheitstechnik im Betrieb und in einer leider kriegerischen Welt letztlich nicht beherrschbare Gefahren für ganze Regionen und Städte. Und, »last but not least«: Die Altlasten der Kernenergie werden die Menschheit vermutlich bis zum Ende ihrer Tage begleiten. Werden hingegen in einigen Generationen bessere Lösungen gefunden als Windkraft oder Solarenergie, bleiben von den alten Anlagen kaum Spuren oder Altlasten zurück.

In Bezug auf die Bewertung der Kernenergienutzung in der Klimakrise wiegt zusätzlich und aktuell ein Aspekt extrem schwer: Ein erneuter Ausbau der Kernenergie erfordert vor allem einen breiten gesellschaftlichen Konsens. Und genau an dieser Stelle hat Kernenergie bis heute in der energiepolitischen Diskussion immer wieder eine fatale gesellschaftlich spaltende Wirkung entfaltet. Vor dem Hintergrund der physikalisch unvermeidbaren Verzahnung ziviler und militärischer Nukleartechnik sowie einer Vielzahl von Störfällen und den Super-GAUs in Tschernobyl und Fukushima ist ein starker gesellschaftlicher Konsens für Kernenergie in freiheitlichen Demokratien nicht in Sicht. Heftige Proteste gegen die Kernenergie einerseits und Polizeigewalt auf der anderen Seite haben die Fronten bis heute verhärtet. Diese verliefen und verlaufen bis hinein in den wissenschaftlichen Diskurs. Ich habe immer noch den Griff meines wohlmeinenden älteren Kollegen in Erinnerung, der mich sanft am Stuhl festhielt, als wieder mal der Vertreter eines Stromversorgers in einem technisch-wissenschaftlichen Vortrag blanke Desinformationen zur Solarenergie im Vergleich zur Kernenergie verbreitete.

Ein abschließendes Urteil zur Kernenergienutzung auf der Basis langfristiger innovativer Entwicklungen, vielleicht auch unter Nutzung der Kernfusion, maße ich mir nicht an. Aber in einer Einschätzung bin ich mir sicher: Das Schlimmste, was der oft genug politisch-militärisch motivierte Lobbyismus für Kernenergie in unserer Welt angerichtet hat, war die über Jahrzehnte verschleppte Entwicklung und Nutzung erneuerbarer Energien. Und das Schlimmste, was eine neue Bewegung für Kernenergie heute anrichten könnte, wäre eine erneute Spaltung des zumindest in Deutschland bereits relativ gut entwickelten politischen Willens für echte nachhaltig-regenerative Energieversorgung.

Bei allem aufrichtigen Respekt vor der großen Leistung all derer, die sich in gutem Glauben, mit hohem Verantwortungsbewusstsein und mit großer technischer Kompetenz für die Sicherheit und Effizienz unserer Kernkraftwerke eingesetzt haben und dies etwa im Ukrainekrieg unter Einsatz von Gesundheit und Leben noch immer tun, es ist an der Zeit, laut und deutlich zu sagen:

Kernenergie, es reicht! – Kernenergie, gib' Ruh!

Kapitel 6
Was ist Hoffnung?

Eine erfahrene Klimaaktivistin und dazu eine aktive, gläubige Christin stellte mir bei einem Gespräch unter vier Augen die bange und fast verschämte Frage: »Sie sind doch Physiker. Ganz ehrlich: Lassen sich die Erderhitzung und die Klimakrise überhaupt noch stoppen? Gibt es noch Hoffnung?«

Ich weiß nicht, ob sich normale Physiker wohlfühlen sollen, wenn man ihnen zutraut, Fragen zu beantworten, die sonst eigentlich nur an Pfarrer gerichtet werden. Wie auch immer, ich mochte nur den Tenor der klimawissenschaftlichen Antworten wiedergeben: »Es ist möglich, ja! Wenn wir die auf der Konferenz von Paris vereinbarte Grenze von deutlich unter 2, wenn möglich 1,5 Grad globaler Erwärmung nicht überschreiten!«

Es ist in erster Linie natürlich eine Frage des unbedingten gesellschaftlich-politischen Willens, alles zu unternehmen, um diese Grenze auch einzuhalten. Daher ziehe ich an dieser Stelle die weise und lebenskluge Antwort zum Thema Hoffnung vor, die Václav Havel gegeben hat. Er hat sie zwar nicht im Hinblick auf die Klimakrise gegeben, sondern aus der Perspektive seiner über Jahre aussichtslosen Situation als inhaftierter Regimekritiker. Havel verlässt damit den wolkigen Bereich eines oft naiven Optimismus und stellt den Begriff der Hoffnung auf ganz praktische Füße:

»Hoffnung ist eben nicht Optimismus, ist nicht die Überzeugung, dass etwas gut ausgeht, sondern die Gewissheit, dass etwas Sinn hat, ohne Rücksicht darauf, wie es ausgeht.«[1]

Die Antwort auf diese Frage kann ich mit voller Überzeugung geben: Ja, denn alles, was wir zur Begrenzung der Erderhitzung unternehmen, all dies macht in jedem Fall Sinn, ganz gleich, ob wir die Grenzen von Paris einhalten werden oder nicht. Und all dies müssten wir ohnehin leisten, auch wenn es den Klimawandel gar nicht gäbe, denn die planetaren Ressourcen sind begrenzt.

1. Umstellung unserer Energieversorgung auf erneuerbare, vor allem solare Energien

Eine solche Energiewende macht uns unabhängig von mittelfristig endlichen und teuren fossilen Energieträgern, die wir zum Beispiel in Deutschland zu großen Teilen aus Staaten kaufen, deren Regime unsere freiheitlich-demokratischen Verfassung und das Völkerrecht auf grausame und menschenverachtende Weise missachten. Eine Abhängigkeit, gar Erpressbarkeit von einem russischen Kriegstreiber oder von Saudi-Arabien, das nicht davor zurückschreckte, einen unbequemen Journalisten von einem Spezialkommando in einem Botschaftsgebäude in Istanbul auf bestialische Weise zerkleinern und verschwinden zu lassen, können und dürfen wir nicht hinnehmen. Wir entrüsten uns pflichtbewusst, schauen dann aber so schnell wie möglich wieder weg, denn wir haben uns von ihrem Öl und Gas abhängig gemacht.

Erneuerbare Energie hingegen sind »Freiheitsenergien«. Sie befreien uns aus den unseligen Abhängigkeiten von Ländern, die unsere Werte nicht achten. Und wir lassen die mit ihrer Nutzung verbundene Wertschöpfung in unserem Land oder zumindest in einem Land unserer Wahl.

2. Internationale Verhandlungen und Stärkung der Vereinten Nationen

Es geht hier um die Fortführung internationaler Verhandlungen mit dem Ziel, völkerrechtlich bindende Regeln für das politische, militärische, wirtschaftliche und soziale friedliche Miteinander aller Nationen zu sichern. Im Kern steht die Menschheit vor der riesigen Aufgabe, die nachhaltige und solidarische Nutzung der für ein gutes Leben aller Menschen im Einklang mit der Natur notwendigen Gemeinschaftsgüter verbindlich zu regeln. Dazu gehören in jedem Fall Süßwasser (Trinkwasser), die Meere, die Luft, die Artenvielfalt und am Ende auch der Weltraum – Gemeinschaftsgüter, die untereinander in komplexen ökologischen Wechselwirkungen stehen.

3. Erhalt der weltweiten Artenvielfalt, vor allem in den Regenwäldern und Korallenriffen

Der Mensch hat, vor allem durch den Einsatz von Pestiziden, der Zerstörung artenreicher Biosphären wie Regenwälder, Moore oder Korallenriffe sowie durch die Vernichtung spezifischer Lebensräume das größte Artensterben auf dem Planeten seit dem Ende der Dinosaurier eingeleitet.

Der Bericht des Weltbiodiversitätsrates (Intergovernmental Science-Policy Platform on Biodiversity and Ecosystem Services, IPBES) zeichnet in seinem Bericht aus dem Jahr 2019 ein dramatisches Bild vom Zustand unserer Ökosysteme und ihrer Artenvielfalt seit 2005.[2] So haben menschliche Aktivitäten dazu geführt, dass die Rate des weltweiten Artensterbens 10- bis 100-mal höher ist als im Durchschnitt der letzten zehn Millionen Jahre. Die Tendenz ist stark zunehmend: 25 Prozent der Arten in den meisten Tier- und Pflanzengruppen sind vom Aussterben bedroht. Die Natur und die von ihr erbrachten Ökosystemleistungen bilden jedoch die Grundlage für das Leben von uns Menschen auf der Erde. Dabei ermöglicht es vor allem die Artenvielfalt der Natur, produktiv, widerstandsfähig und anpassungsfähig zu sein. Genauso wie Diversität im Portfolio von Finanzanlagen Risiken und Unsicherheiten mindert, erhöht die Diversität, sprich Artenvielfalt, im Portfolio der Natur ihre Widerstandsfähigkeit unter Stresssituationen.

Hoffnung im Sinne von Václav Havel bedeutet also nicht Abwarten und Tee trinken. Seine Hoffnung ist vielmehr zutiefst dynamisch und fordert aktives menschliches Handeln. Dabei ist der Ausgang der Ereignisse keine Frage von Schwarz oder Weiß, von Erfolg oder Misserfolg. Vielmehr liegt das Ergebnis menschlichen Handelns in einer Bandbreite möglicher globaler Temperaturen und Klimafolgen. Es geht darum, jede noch so kleine Zunahme der globalen Erwärmung zu vermeiden, es lohnt es sich, um jedes Zehntel Grad zu kämpfen.[3]

Wie entscheidend der Sinn im Handeln ist, darauf musste mich allerdings erst eine Dekanin unserer Partnerhochschule in Südafrika bringen. Ich erläuterte ihr die Grundidee, Inhalte und Studienorganisation unseres Schwerpunktes Energietechnik an der Hochschule Ulm. Dabei stand das Credo unseres Ulmer Konzepts der Energiewende im Vordergrund: 1. Energieeinsparung, 2. Effiziente Energienutzung, 3. Wirtschaftlichkeit in der Energienutzung und 4. Erneuerbare Energien. Ihre Reaktion überraschte und irritierte mich zunächst: »If I had accomplished something like this, I would happily dance to my grave.«

Was wollte sie damit sagen? Nichts anderes, als dass Handeln mit echtem Sinn mir so viel Kraft und Hoffnung gibt, dass ich dem Ende meines Lebens mit frohem Mut entgegengehe. So farbig und lebensfroh kann diese Botschaft allerdings nur eine Afrikanerin aussprechen – ich konnte sie in meiner nüchternen norddeutsch-rationalen Denkweise dafür nur zutiefst bewundern. Mit ihren Blicken und Worten in schönem südafrikanischen Akzent hat sie mir, wenn man so will, eine Schutzimpfung verpasst: gegen Klimaangst und Resignation.

Václav Havel und meine afrikanische Kollegin haben mir also gerade in der Klimakrise eine Antwort auf die Frage nach der Hoffnung gegeben und mir einen entscheidenden Weg gezeigt. Einen Weg, der aus der oft genug gefühlten Aussichtslosigkeit des Kampfes gegen die Erderhitzung und aus der Resignation herausführt: Was auch immer wir gegen den Klimawandel unternehmen, es macht Sinn und bedeutet Hoffnung – und damit setzt es, ja, Freude und Lebenskraft frei, die wir dringend brauchen in dieser Zeit.

Epilog
Einigkeit und Recht und Freiheit

Unter diesem Wahlspruch der deutschen Nationalhymne schließt sich für mich der Kreis meiner Gedanken zur Klimakrise in Verbindung mit meiner familiären Nachkriegsgeschichte.

Nachdem mein Vater in Krieg und Gefangenschaft sieben Jahre seines Lebens in seiner kraftvollsten Lebensphase als junger Mann verloren hatte, war und blieb er ein entschlossener Gegner jeder Wiederbewaffnung Deutschlands und jeglichen deutschnational-autoritären Gedankengutes. Und um es gleich vorwegzunehmen: Diese Prägung wurde mir als Nachkriegskind geradezu in die Wiege gelegt.

In meiner Zeit als offizieller Repräsentant einer staatlichen Hochschule erzeugte das für mich im dienstlichen Kontakt mit der in Ulm stark präsenten Bundeswehreinheit gemischte Gefühle. Sie spitzten sich regelmäßig zu bei den dienstlich gebotenen Besuchen der Neujahrsempfänge der Bundeswehr. In der Reihe der geladenen Gäste gab es bei diesen Anlässen für mich kein Ausweichen vor dem öffentlichen Singen der Nationalhymne. Beim ersten dieser Neujahrsempfänge hätte ich mich am Ende nicht gewundert, wenn mich mein Vater mit esoterischer Gewalt mit einem Blitz aus dem Jenseits getroffen hätte. Aber: Es war ein Grund, mich mit dem Text der Deutschlandhymne auseinanderzusetzen. Und je länger ich darüber nachdachte, umso mehr wurde mir klar, dass die drei Begriffe Einigkeit und Recht und Freiheit den aus meiner Sicht einzig möglichen gesellschaftlichen Lösungsweg in Zeiten der Klimakrise beschreiben.

Einigkeit: Die schiere Größe der Herausforderung des Klimawandels erfordert Kooperation auf jeder Ebene, um gemeinsam an einer von der Zivilgesellschaft getragenen Strategie in der Klimakrise zu arbeiten. Einigkeit ist dafür ein unverzichtbares Ziel und das genaue Gegenteil von Hass und Spaltung – wie etwa der Versuch von radikalen politischen Randgruppen, mit oberflächlichen, populistischen Parolen in die Mitte der Gesellschaft einzudringen. Es ist einfach zu verführerisch, mit halbwahren Vereinfachungen Ängste und Empörung zu schüren und dabei differenzierte Lösungsansätze und andere Meinungen zu diffamieren, statt politisch notwendige Inhalte zu vermitteln, zu diskutieren und vor allem zu erklären.

Recht: Die notwendige Transformation zu einem klimaneutralen, nachhaltigen Wirtschaften erfordert einen verbindlichen rechtlichen Rahmen – einen Rahmen, wie ihn unser Grundgesetz mit Blick auf die Klimakrise, den Artenschutz, die Bedürfnisse zukünftiger Generationen und internationale Kooperationen bereits zu wichtigen Teilen bietet.

Das Urteil des Bundesverfassungsgerichts zum Klimaschutzgesetz zeigt, dass unser Rechtssystem ein zentraler, unverzichtbarer Akteur in der Klimawende geworden ist. Die Verfassungsjuristen sind sich ihrer großen Verantwortung im Rahmen der Klimawende bewusstgeworden. Und sie haben bewiesen, dass dieser Rechtsrahmen fähig ist, neue, wirklich schwierige Herausforderungen anzunehmen und sich weiterzuentwickeln.

Freiheit: Wozu braucht die Transformation zur Klimaneutralität, wieso braucht Klimaschutz Freiheit? Ist es nicht längst fünf vor zwölf oder gar fünf nach zwölf? Und müssten nicht endlich die Minister eines Klimakabinetts auf den Tisch hauen und endlich entschlossen für den Klimaschutz handeln? Können wir es uns in einem freiheitlich-demokratischen Staat noch leisten, uns auf Kompromisse beim Klimaschutz einzulassen, zum Beispiel auf von Bürgerinitiativen und Naturschutzregelungen de facto blockierte Genehmigungsverfahren für Windkraftanlagen? Muss man sich wundern, wenn junge Klimaaktivisten sich aus

Verzweiflung über die stagnierende Klimapolitik in unserem so freiheitlich verfassten Land auf die Straßen kleben und Nationalsymbole wie das Brandenburger Tor beschmieren?

Am Ende, so hört man es oft, könnten es autoritäre Regime doch viel besser. Da wird in China nicht lange gefackelt bei der Zerstörung (»Umbau«) des für die Chinesen eigentlich heiligen Yangtse-Stromes zu einer Serie von Dämmen zur CO_2-freien Wasserkraftgewinnung. Der Photovoltaikmarkt wird, staatlich verordnet, international gekapert, wenn so ein dummes freiheitliches Land wie Deutschland seine Technologieführerschaft auf diesem Gebiet auf dem Altar eines für Klimaschutz blinden »freien Marktes« geopfert hat. Gigantische Solarparks, unter anderem für eine in atemberaubendem Tempo ausgebaute Elektromobilität, werden auf staatliche Order hin in die Wüste gebaut. Nebenbei hat eine wirtschafts- und technologiepolitisch konsequent denkende Regierung auch noch für Marktführerschaft im Batteriemarkt gesorgt. All dies ist möglich, wenn eine autoritäre Regierung etwas will, zum Beispiel ein Rekordwirtschaftswachstum. Dafür wird aber im Land zunächst die Kohleverstromung massiv weiter ausgebaut und bleibt China bis auf Weiteres international größter CO_2-Emittent.

Fest steht: Klimaschutz braucht die zivilgesellschaftlichen Strukturen, braucht den politischen Wettbewerb und die freien Medien, um klimapolitische Defizite offenzulegen, um über die besten Lösungen streiten zu können und politisches Handeln einzufordern. Das gelingt nur in freiheitlich-demokratischen Staaten, die damit einen entscheidenden Vorteil bei Lösungsansätzen zur Erreichung von Klimaneutralität haben. Denn die auch für den Klimaschutz notwendigen wissenschaftlichen, sozialen, politischen und wirtschaftlichen Innovationen brauchen vor allem Freiheit, um sich zu entwickeln und sich dem Wettbewerb stellen zu können.

Letztlich aber liegt es in einem freiheitlich-demokratischen Rechtsstaat an jeder Mutter und Großmutter, jedem Vater und

Großvater, liegt es an mir persönlich. Ich habe als Mensch die Freiheit, zu entscheiden: Handle ich persönlich, wirtschaftlich, politisch für ein Klima, in dem auch meine Kinder und Kindeskinder noch gut leben können, oder handle ich nicht? Nutze ich meine Stärken und Chancen, die mir mein Umfeld oder meine Position bieten, für dieses Ziel, oder nutze ich sie nicht? Dabei ist es völlig belanglos, wie groß oder klein der Einfluss meines persönlichen Handelns auf die Klimakrise sein kann – und wenn es aus Zeitmangel oder aufgrund persönlicher Situation nur ein unter Klima- und Umweltgesichtspunkten sehr gut überlegtes Kreuz auf einem aktuellen Wahlzettel ist.

Wie entscheidend und einzigartig dieses Privileg der menschlichen Freiheit ist, wird erst ganz deutlich, wenn sie nicht mehr da ist oder massiv eingeschränkt wird. Vielleicht, weil wir alle zusammen nicht genug auf sie aufgepasst haben und weil es zu wenige Mutige und Engagierte gab, die für sie, mitunter unter großen Opfern, gekämpft und sie gepflegt haben.

Wir als Bürgerinnen und Bürger eines freiheitlich-demokratischen Rechtsstaates in Europa zu Beginn der 20er Jahre des 21. Jahrhunderts jedoch besitzen dieses Privileg der menschlichen Freiheit. Und an dieser Stelle stehe ich wieder am Anfang meines Buches.

Die Strahlen der Nachmittagssonne, die durch die Fenster der Salzburger Universitätskirche leuchten, sie erinnern mich daran: Die heute lebenden Menschen haben als erste und einzige Generation in der Menschheitsgeschichte die Chance und die Pflicht, mit ihrem Handeln die Weichen für das weitere Überleben der Menschheit zu stellen.

Allerdings gibt es an den dystopischen Szenarien der Klimawissenschaftler für den Fall, dass national wie international die Klimawende weiterhin nur halbherzig betrieben wird, nichts zu beschönigen. Und auch das internationale Erstarken autoritärer Bewegungen, die mit Unfrieden die Gesellschaft zu spalten trachten, lässt sich nicht verharmlosen. Denn diese Bewegungen ordnen in unverantwortlicher Weise Klimaschutz kurzfristigen nationalen Interessen unter.

Aus diesen Gründen rufe ich allen meinen Leserinnen und Lesern zum Schluss nochmals zu: Packen wir es an! Machen wir uns auf den Weg zu einer klimaneutralen Gesellschaft, zu einem klimaneutralen Deutschland und vor allem zu einem klimaneutralen Europa! Einigkeit und Recht und Freiheit sind dabei verlässliche Begleiter.

Als Allererstes brauchen jedoch die Engagierten und Mutigen, die sich in Politik, Wirtschaft und Gesellschaft bereits auf diesen Weg gemacht haben, unsere Rückendeckung. Es sind diejenigen, die national und auch europaweit Brücken zwischen Menschen, Meinungen, Kulturen und Nationen bauen, die den freiheitlich demokratischen Rechtsstaat verteidigen, die für soziale Gerechtigkeit eintreten, und alle diejenigen, die für die Klimawende arbeiten, die für Artenschutz und eine gesunde Umwelt kämpfen – all diese Menschen, auch wenn sie dabei mitunter Fehler machen, sie brauchen unsere Hand und vor allem unsere Stimme.

Anmerkungen

Kapitel 2

1 IPCC (2023): Summary for Policymakers. In: Climate Change 2023: Synthesis Report. Contribution of Working Groups I, II and III to the Sixth Assessment Report of the Intergovernmental Panel on Climate Change, A.1.3.

2 Rahmstorf, Stefan/Schellnhuber, Hans Joachim (2019): Der Klimawandel. München: C. H. Beck, 9. Auflage, S. 34.

3 Dan 5, 25. Dem König erschienen an der Wand die Worte »Mene Tekel Upharsin«.

4 Otto, Frederike (2019): Wütendes Wetter. Auf der Suche nach den Schuldigen für Hitzewellen, Hochwasser und Stürme, Ullstein.

5 World Weather Attribution (2021) [https://www.worldweatherattribution.org/heavy-rainfall-which-led-to-severe-flooding-in-western-europe-made-more-likely-by-climate-change/].

6 World Meteorological Organisation (2023), State of the Climate in Europe 2022, WMO-N0.1320 [https://wmo.int/publication-series/state-of-climate-europe-2022].

7 Reimer, Nick/Staud, Toralf (2021): Deutschland 2050. Kiepenheuer und Witsch.

8 Rockström, Johan (2021): Forscher: Erderhitzung von 2,7 Grad wäre »anderer Planet«, in: Süddeutsche Zeitung, 03.11.2021.

9 IPCC (2023): Summary for Policymakers. In: Climate Change 2023: Synthesis Report. Contribution of Working Groups I, II and III to the Sixth Assessment Report of the Intergovernmental Panel on Climate Change, B.1.

10 Ebd., A.1.3.

11 Wiegand, Klaus (Hrsg.) (2023): 3 Grad mehr. Ein Blick in die drohende Heißzeit und wie uns die Natur helfen kann, sie zu verhindern, oekom verlag.

12 IPCC (2023): Summary for Policymakers. In: Climate Change 2023: Synthesis Report. Contribution of Working Groups I, II and III to the Sixth Assessment Report of the Intergovernmental Panel on Climate Change, B.5.

13 Welsby, Dan et al. (2021): Unextractable fossil fuels in a 1.5 °C world, in: Nature, Vol. 597, 230.

14 IPCC (2023): Summary for Policymakers. In: Climate Change 2023: Synthesis Report. Contribution of Working Groups I, II

and III to the Sixth Assessment Report of the Intergovernmental Panel on Climate Change, B.5.3.

15 »Seid fruchtbar und mehrt euch, füllt die Erde und unterwerft sie und waltet über die Fische des Meeres, über die Vögel des Himmels und über alle Tiere, die auf der Erde kriechen!« (Genesis 1,28 EU). Dieses Dominium terrae (lateinisch für »Herrschaft über die Erde«) wird von der modernen Theologie inzwischen kritisch gesehen und in neueren Übersetzungen abgeschwächt.

16 Hardin, Garret (1968): The Tragedy of the Commons, in: Science, Vol. 162, S.1243 ff.

17 Ostrom, Elinor (1990): Governing the Commons. The evolution of institutions for collective actions, Cambridge University Press.

18 So natürlich auch in Deutsch unter www.de-ipcc.de.

19 Papst Franziskus (2023): Apostolisches Schreiben Laudate Deum [https://www.vatican.va/content/francesco/de/apost_exhortations/documents/20231004-laudate-deum.html].

20 Oreskes, Naomi/Conway, Erik M. (2014): Die Machiavellis der Wissenschaft. Das Netzwerk des Leugnens, Wiley-VCH.

21 Cook, John (2021): Weit mehr als 90% der Klimaforscher sind überzeugt, dass der Mensch den gegenwärtigen Klimawandel verursacht [https://www.klimafakten.de/klimawissen/fakt-ist/fakt-ist-weit-mehr-als-90-prozent-der-klimaforscher-sind-ueberzeugt-dass-der].

22 Plöger, Sven/Böttcher, Frank (2015): Klimafakten, Westend Verlag, S. 18 ff.

23 Rahmstorf, Stefan/Schellnhuber, Hans Joachim (2019): Der Klimawandel, 9. Auflage, C.H.Beck, München, S. 52.

24 Goethe, Johann Wolfgang von: »Faust – Der Tragödie zweiter Teil«, in: *Goethe Werke Jubiläumsausgabe*, Dritter Band, Frankfurt am Main und Leipzig: Insel Verlag 1998, S. 235.

25 Latif, Mojib (2020): Heißzeit. Verlag Herder, S. 89 ff.

26 Ebd., S. 96.

27 Nelles, David/Serrer Christian (2018): Kleine Gase – große Wirkung, 2. Auflage, ISBN 978-3-9819-6500-1, S. 44.

28 Ebd. S. 45.

29 Blesse, Sebastian et al. (2024): Wollen die Deutschen beim Klimaschutz Vorreiter sein und wenn ja, wie? Maßnahmen aus Bevölkerungsperspektive, in: ifo Schnelldienst, 1/2024, 17.01.2024, S. 39.

30 Engels, Anita et al. (Hrsg.) (2023): Hamburg Climate Futures Outlook 2023.The plausibility of a 1.5°C limit to global warming – Social drivers and physical processes. Cluster of Excellence Climate, Climate Change and Society (CLICCS) [https://www.cliccs.uni-hamburg.de/results/hamburg-climate-futures-outlook.html].

31 IPCC (2023): Summary for Policymakers. In: Climate Change 2023: Synthesis Report. Contribution of Working Groups I, II and III to the Sixth Assessment Report of the Intergovernmental Panel on Climate Change, B.5.

32 Vogt, Markus (2019): Ethik des Wissens, Freiheit und Verantwortung der Wissenschaft in Zeiten des Klimawandels, oekom Verlag, S. 88.

33 [https://www.umweltbundesamt.de/umwelttipps-fuer-den-alltag/mobilitaet/flugreisen#gewusst-wie].

34 [https://www.atmosfair.de/de/kompensieren/flug/], zuletzt abgerufen am 03.04.2024.

35 Grothmann, Torsten et al. (2023): Umweltbewusstsein in Deutschland 2022: Ergebnisse einer repräsentativen Bevölkerungsumfrage, Umweltbundesamt.

36 Kommentar (2004): Unmündige Stromkunden, in: Frankfurter Allgemeine Zeitung, 30.11.2004, Nr. 280, S. 11 [https://www.faz.net/aktuell/wirtschaft/kommentar-unmuendige-stromkunden-1190917.html].

37 Fink, Larry (2020): Larry Fink's Letter to CEOs [https://www.blackrock.com/corporate/investor-relations/2020-larry-fink-ceo-letter].

38 Übersetzung: »Wissen Sie, das Flüchtlingsproblem, das ihr jetzt gerade habt, das ist wie ein Sonntagspicknick, verglichen mit dem, was ihr in 20 Jahren haben werdet.«

39 Wehling, Elisabeth (2016): Politisches Framing. Wie sich eine Nation ihr Denken einredet – und daraus Politik macht. edition medienpraxis.

40 Alempic, Jean Marie et al. (2023): An Update on Eukaryotic Viruses from Ancient Permafrost, in: Viruses 2023, 15 (2), 564 [https://doi.org/10.3390/v15020564].

41 Pörksen, Bernhard/Schulz von Thun, Friedemann (2020): Die Kunst des Miteinander-Redens. Über den Dialog in Gesellschaft und Politik. Carl Hanser Verlag, München.

42 Schrader, Christopher (2022): *Über Klima sprechen. Das Handbuch.* Herausgegeben von klimafakten.de, oekom Verlag München [www.klimafakten.de/handbuch/pdf].

Kapitel 3

1 WBGU – Wissenschaftlicher Beirat der Bundesregierung Globale Umweltveränderungen (2014): Sondergutachten: Klimaschutz als Weltbürgerbewegung, S. 44.

2 GG, § 20a, [https://www.gesetze-im-internet.de/gg/art_20a.html].

3 Bundesverfassungsgericht (2021): Pressemitteilung Nr. 31 vom 29.April 2021 [https://www.bundesverfassungsgericht.de/SharedDocs/Pressemitteilungen/DE/2021/bvg21-031.html].

4 Mittlerweile weiß ich, dass es unter der Dachmarke 4Future auch eine die Klimabewegung unterstützende Gruppe von Juristen gibt: Lawyers for Future, vgl. [https://lawyers4future.org].

5 [https://www.vanuatuicj.com/].

6 Verheyen, Roda/Endres, Alexandra (2023): Wir alle haben ein Recht auf Zukunft, dtv Verlagsgesellschaft, München, S. 222 ff.

7 Bocksch, René (2020): statista [https://de.statista.com/infografik/21781/veraenderung-der-co2-emissionen-waehrend-des-lockdowns/].

8 Auswahl wissenschaftlicher Studien zur Klimaneutralität in Deutschland:

Ariadne Report (2021): Deutschland auf dem Weg zur Klimaneutralität *2045.*

Prognos, Öko-Institut, Wuppertal-Institut (2021): Klimaneutrales Deutschland 2045.

Fraunhofer-Institut für Solare Energiesysteme ISE (2020): Wege zu einem klimaneutralen Energiesystem. Die deutsche Energiewende im Kontext gesellschaftlicher Verhaltensweisen.

Deutsche Energie-Agentur GmbH (Hrsg.) (dena 2021).»dena-Leitstudie Aufbruch Klimaneutralität«.

Acatech/Leopoldina/Akademieunion (Hrsg.) (2023): Wie wird Deutschland klimaneutral? Handlungsoptionen für Technologieumbau, Verbrauchsreduktion und Kohlenstoffmanagement.

9 Jäger, Cornelie (2020): Klimaschutz braucht Moorschutz. München: oekom Verlag.

10 Fraunhofer-Institut für Solare Energiesysteme, ISE (2020): Wege zu einem klimaneutralen Energiesystem, Die deutsche Energiewende im Kontext gesellschaftlicher Verhaltensweisen.

11 [https://de.statista.com/statistik/daten/studie/2750/umfrage/weihnachtsumsaetze-des-einzelhandels/].

12 Umweltbundesamt Dessau (2021): RESCUE-Studie Wege in eine ressourcenschonende Treibhausgasneutralität, 2. Auflage, S. 32.

13 Das Umweltbundesamt setzte in 2022 Kosten von 237 Euro pro Tonne CO_2 an, vgl. [https://www.umweltbundesamt.de/daten/umwelt-wirtschaft/gesellschaftliche-kosten-von-umweltbelastungen#klimakosten-von-treibhausgas-emissionen].

14 Europäisches Parlament (2023): [https://www.europarl.europa.eu/news/de/headlines/society/20210303STO99110/carbon-leakage-unternehmen-daran-hindern-emissionsvorschriften-zu-umgehen].

Kapitel 4

1 Goethe, Johann Wolfgang von: »Faust«, in: Goethe Werke Jubiläumsausgabe, 3. Band, Frankfurt am Main und Leipzig: Insel Verlag 1998.

2 Vgl. Kapitel 3 Fußnote 8.

3 Um für den Klimaschutz glaubwürdig zu bleiben: Diese Flugreise war ein Abstecher von einer Reise zu einer internationalen Konferenz.

4 IPCC (2023): Summary for Policymakers. In: Climate Change

2023: Synthesis Report. Contribution of Working Groups I, II and III to the Sixth Assessment Report of the Intergovernmental Panel on Climate Change, B.2, S.18.

5 IPCC (2023): Summary for Policymakers. In: Climate Change 2023: Synthesis Report. Contribution of Working Groups I, II and III to the Sixth Assessment Report of the Intergovernmental Panel on Climate Change, B.6, S. 22.

6 United Nations Environment Programme and Climate and Climate Clean Air Coalition (2021), Global Methane Assessment: Benefits and Costs of Mitigating Methane Emissions.

7 Deutsche Bundesbank (2019): Der Markt für nachhaltige Finanzanlagen-ein Überblick [https://www.bundesbank.de/de/aufgaben/themen/der-markt-fuer-nachhaltige-finanzanlagen-ein-ueberblick-814896].

8 FNG-Forum Nachhaltige Geldanlagen (2023): Marktbericht 2023 Deutschland [https://fng-marktbericht.org/deutschland].

9 Ponitz, Kay (2023), private Mitteilung.

10 FNG – Forum Nachhaltige Geldanlagen (2023): Marktbericht 2023 Deutschland [https://fng-marktbericht.org/deutschland].

11 Fink, Larry (2020): Larry Fink's Letter to CEOs [https://www.blackrock.com/corporate/investor-relations/2020-larry-fink-ceo-letter].

12 Thunberg, Greta (2019): Ich will, dass ihr in Panik geratet! Meine Reden zum Klimaschutz, Fischer Taschenbuch, S. 48.

13 Lesch, Harald/Kamphausen, Klaus (2017): Die Menschheit schafft sich ab. Die Erde im Griff des Anthropozän, Verlag Komplett-Media.

14 Thunberg, Greta (2019): Ich will, dass ihr in Panik geratet! Meine Reden zum Klimaschutz, Fischer Taschenbuch, S. 45.

15 Ebd., S. 48.

16 Töpfer, Klaus im Interview mit Peter Unfried und Harald Welzer, taz [https://taz.de/!170258/].

17 Tuchman, Barbara (1980): *Der ferne Spiegel, Das dramatische 14. Jahrhundert*. Düsseldorf: Claassen Verlag (1980), S. 97–125.

Kapitel 5

1 Umweltbundesamt (2023): Carbon Capture and Storage – Diskussionsbeitrag zur Integration in die internationalen Klimaschutzstrategien [https://www.umweltbundesamt.de/publikationen/carbon-capture-storage-diskussionsbeitrag].

2 Helmholtz-Klima-Initiative (2023): Factsheet No. 04, Direct Air Capture [https://www.helmholtz-klima.de/sites/default/files/medien/dokumente/Factsheet%2004_Direct%20Air%20Capture.pdf].

3 RWTH-Aachen (2021): Pressemitteilung zu Direct Air Capture (2021) [https://www.

rwth-aachen.de/cms/root/Die-RWTH/Aktuell/Pressemitteilungen/Februar-2021/~mmyua/Entnahme-von-Kohlendioxid-aus-der-Atmosp/].

4 Linow, S. et al.: Kurzimpuls – Perspektiven auf negative CO2-Emissionen, in: Diskussionsbeiträge der Scientists for Future *12*. [doi:10.5281/zenodo.7392348].

5 Gates, Bill (2021): Wie wir die Klimakatastrophe verhindern. München: Piper Verlag 2021, S. 110–112.

Kapitel 6

1 Dieses Zitat ist fast zu einem geflügelten Wort geworden. Václav Havel hat diesen Gedanken in differenzierter Form zum Beispiel in seiner Rede vor der Konferenz »Zukunft der Hoffnung«å (Hiroshima, 5. Dezember 1995) ausgeführt, vgl. Havel, Václav (2018): Moral in Zeiten der Globalisierung, rowohlt repertoire, S. 172 ff.

2 IPBES (2019): Global assessment report on biodiversity and ecosystem services of the Intergovernmental Science-Policy Platform on Biodiversity and Ecosystem Services.

3 IPCC (2023): Summary for Policymakers. In: Climate Change 2023: Synthesis Report. Contribution of Working Groups I, II and III to the Sixth Assessment Report of the Intergovernmental Panel on Climate Change, B1.

Ozeane in Gefahr

Wussten Sie, dass es unter Wasser mehr biologische Vielfalt gibt als an Land? Diese Vielfalt ist essenziell für die Überlebensfähigkeit des Planeten. Detlef Czybulka thematisiert die drängendsten Herausforderungen des Meeresnaturschutzes, liefert einen Überblick über Abkommen und Gesetze und erläutert, welche Chancen es gibt, die Vielfalt zu erhalten.

D. Czybulka

Der Schutz unserer Meere

Gefährdungen, Chancen und Rechtslage
eines einzigartigen Ökosystems
430 Seiten, Broschur, vierfarbig mit Abbildungen, 34 Euro
ISBN 978-3-96238-388-6
Auch als E-Book erhältlich

Inspiration für den Wandel

Der Bericht »Earth for All« an den Club of Rome macht klar, es ist fünf nach zwölf! Eine Gruppe junger Wissenschaftler*innen präsentiert konkrete Maßnahmen. Ihre Botschaft: Die Lösungen sind da – es ist Zeit zu handeln! Ein Aufruf zur aktiven Mitgestaltung des Wandels.

I. Lietzke-Prinz, S. Farny (Hrsg.)

Wie genau die Welt retten?

Denkanstöße zum Club-of-Rome-Bericht »EARTH FOR ALL«
232 Seiten, Broschur, 26 Euro
ISBN 978-3-98726-093-3
Auch als E-Book erhältlich

DIE GUTEN SEITEN DER ZUKUNFT

Eine generationsübergreifende Reise in die Zukunft

Der 18-jährige Paul und seine Wahlgroßeltern entführen uns in den Alltag und die Gesellschaft des Jahres 2037 – von Tiny Lofts bis zu Bademeisterdrohnen. Ein generationsübergreifendes Epos über Umweltschutz, Digitalisierung und die Gestaltung der Zukunft.

R. Grießhammer

Alles wird gut – nur anders
Geschichten aus dem Jahr 2037
240 Seiten, Broschur, 24 Euro
ISBN 978-3-98726-087-2
Auch als E-Book erhältlich

Kochen fürs Klima

Dieses Klimakochbuch wartet auf mit leckeren Rezepten und viel Hintergrundwissen zu unseren Nahrungsmitteln. Eine CO_2-Ampel zeigt zu jedem Gericht an, wie klimafreundlich es ist.

Klimaschule Hildegardis-Gymnasium Kempten (Hrsg.)

Die Klimaküche
Nachhaltig und genussvoll kochen mit der CO_2-Ampel
128 Seiten, Klappenbroschur, vierfarbig mit zahlreichen Abbildungen, 20 Euro
ISBN 978-3-98726-089-6
Auch als E-Book erhältlich

DIE GUTEN SEITEN DER ZUKUNFT

Plastikflut stoppen

Plastik begegnet uns überall: Immer mehr Verpackungen landen im Müll, der anschließend exportiert wird, denn Plastikrecycling funktioniert nicht wirklich. Was tun? Heike Knüpfer liefert Hintergründe und eine praxisnahe Anleitung, um Wegwerfplastik zu minimieren.

H. Knüpfer

Weniger Plastik, mehr Zukunft
Aufbruch zu einem nachhaltigen Leben
112 Seiten, Broschur, 16 Euro
ISBN 978-3-98726-072-8
Auch als E-Book erhältlich

Antworten auf die Klimakrise

Dieser Praxisratgeber beleuchtet fünf Sektoren: Energie, Industrie, Gebäude, Verkehr und Landwirtschaft. Er zeigt leicht verständlich und nachvollziehbar auf, was Unternehmen und Privatpersonen aktiv gegen den Klimawandel tun können.

P. Blenke, C. Reisinger

Klimakurve kriegen
Was wir jetzt tun können, um unsere Klimaziele noch zu erreichen
168 Seiten, gebunden, vierfarbig mit zahlreichen Illustrationen,
20 Euro
ISBN 978-3-98726-060-5
Auch als E-Book erhältlich

DIE GUTEN SEITEN DER ZUKUNFT oekom